LE NOUVEAU BAC

Les réponses à toutes vos questions

édition 2022

Direction éditoriale : Stéphane Chabenat
Éditrice : Charlotte Sperber
Mise en pages : Nord Compo
Conception de la couverture : olo.éditions

l'Etudiant ÉDITIONS

est édité par
Les éditions **de l'Opportun**

16 rue Dupetit-Thouars
75003 Paris

www.letudianteditions.com

Olivier **ROLLOT**

LE NOUVEAU BAC

Les réponses à toutes vos questions

édition 2022

l'Etudiant
ÉDITIONS

Sommaire

Les informations que nous publions sont à jour en janvier 2022.
Pour les actualiser, consultez le site Internet : www.letudiant.fr.

Pourquoi ce livre ?

Le projet de ce livre part d'un constat simple : la réforme du bac entreprise par le ministre de l'Éducation nationale, Jean-Michel Blanquer, est fondamentale. Il ne s'agit pas d'une réforme de façade comme il y en a tant eu mais d'une remise à plat complète du système.
Résultat : les questions des élèves, des parents mais aussi des professeurs sont multiples.
Notamment pour répondre à cette question fondamentale :

Comment choisir les spécialités de première et terminale en fonction de son projet ?

Nous vous proposons donc de lire ce livre comme un menu qui répond à la fois à vos questions sur les choix d'orientation, ainsi que sur les spécialités, le contenu du tronc commun, la définition des programmes ou encore les épreuves du bac.

Pour chaque thématique, nous incluons les questions telles que vous vous les posez pour y répondre le plus clairement possible.

Ce nouveau bac offre énormément d'opportunités si l'on sait comment faire les bons choix. Il ne faut pas hésiter à s'en saisir parce qu'il n'y a pas qu'une seule façon de réussir !

Olivier ROLLOT

Introduction

LE NOUVEAU BAC QUELS CHANGEMENTS ?

En 2021 ont été diplômés les premiers bacheliers du nouveau bac général voulu par le ministre de l'Éducation nationale, de la Jeunesse et des Sports, Jean-Michel Blanquer. Pour la première fois en 2019, les élèves de seconde ont été amenés à choisir leurs spécialités de première. L'angoisse reste palpable dans les familles : en quoi ces choix vont-ils influer les futurs choix de filières dans l'enseignement supérieur ?
Mais pourquoi ce nouveau bac, quelle est sa philosophie, que change-t-il pour les élèves au-delà du choix de leurs spécialités ?

Une réforme progressive ?

Deux années placées sous le signe du Covid n'ont pas empêché la réforme du bac général voulue par le ministre de l'Éducation nationale, Jean-Michel Blanquer, de voir le jour. Pour autant le recours massif au contrôle continu n'aura pas permis à la réforme de se déployer autant que prévu.
« Globalement la réforme correspond à ce que j'en attendais même si, dans la mise en œuvre d'une réforme, il y a toujours des "effets de bord" qu'il s'agit de prendre en compte. Pour moi l'esprit de départ est préservé », commente Pierre Mathiot, directeur de

Sciences Po Lille et auteur en 2018 du rapport[1] qui a préfiguré la réforme du lycée et du bac en cours. Ce à quoi Philippe Watrelot, ancien président du Cercle de recherche et d'action pédagogiques ainsi que professeur agrégé de sciences économiques et sociales au lycée Jean-Baptiste-Corot à Savigny-sur-Orge (Essonne), rétorque : « Beaucoup de professeurs n'étaient pas forcément hostiles à la réforme au départ mais tout le monde en dénonce l'impréparation : pourquoi ne pas avoir attendu 2022 ? »

Un tronc commun trop dur pour certains ?

Le « tronc commun » d'enseignement du lycée de première et terminale en voie générale représente 16 heures d'enseignement composées de :

Langues vivantes A et B : 4 heures 30
Français (philosophie en terminale) : 4 heures
Histoire-géographie : 3 heures
Enseignement scientifique : 2 heures
Enseignement moral et civique : 30 minutes
Éducation physique et sportive : 2 heures

Si l'absence des mathématiques fait débat d'autres s'interrogent : n'est-il pas risqué de proposer à tous les profils les mêmes enseignements ? « Nous sommes critiques sur le très important tronc commun. Peut-on vraiment intéresser des profils très différents à des enseignements communs en histoire-géographie, philosophie ou encore à des enseignements scientifiques et mathématiques ? Il y a un vrai risque que certains se désintéressent et notamment des profils très scientifiques qui voudraient en apprendre rapidement davantage », s'interroge ainsi le président de la commission Amont de la Conférence des Grandes écoles (CGE) – à ce titre en charge des questions de recrutement dans les Grandes écoles –, et directeur des Arts et Métiers, Laurent Champaney.

1. *Un nouveau baccalauréat pour construire le lycée des possibles*, rapport remis par Pierre Mathiot, professeur des universités, le 24 janvier 2018.

Comment prendre en compte les notes du bac dans la sélection ?

Un autre objectif de la réforme est de rendre toute sa part au bac dans le choix des filières. Mais rien n'indique que ce sera le cas au vu du calendrier de Parcoursup. Ce sont en fait seulement les notes des spécialités de terminale – arrêtées fin mars – qui sont finalement prises en compte.

54 heures consacrées à l'orientation. Oui, mais comment ?

Il reste une inconnue importante sur ce que seront précisément les 54 heures consacrées à l'orientation pendant l'année de seconde. Il est d'autant plus difficile de définir leur contour que leur mise en œuvre intervient en même temps que la régionalisation des CIO (centres d'information et d'orientation). « Pour y parvenir, il faut que les professeurs y jouent un rôle encore plus important qu'aujourd'hui. J'entends qu'une partie d'entre eux disent n'avoir pas les compétences pour le faire mais ce serait logique au fond qu'ils s'efforcent de faire pour leurs élèves ce qu'ils arrivent souvent à faire pour leurs enfants », soutient Pierre Mathiot. « On transforme l'accompagnement actuel en aide à l'orientation en demandant aux élèves de choisir de plus en plus tôt leur avenir mais y aura-t-il ensuite des passerelles ? Je discute beaucoup avec mes élèves qui disent ne vraiment pas savoir comment choisir », regrette de son côté Philippe Watrelot. La question des spécialités rend le processus d'orientation encore plus crucial, comme le souligne, Jacques Fayolle, le président de la Conférence des directeurs des écoles françaises d'ingénieurs (Cdefi) et directeur de Télécom Saint-Étienne, qui se dit « inquiet des choix de spécialités effectués en seconde ». Son inquiétude : que ces choix puissent « être biaisés socialement selon qu'un élève possède ou pas les codes nécessaires pour bien se renseigner sur ce à quoi mène ou pas chaque spécialité. Le risque c'est de choisir une spécialité parce qu'un professeur est plus sympa. Ou pour être toujours avec ses amis ».

Comment s'organisent les enseignements « partagés » ?

La mise en œuvre de l'enseignement commun scientifique comme des spécialités « histoire-géographie-géopolitique et sciences politiques » (HGGSP) et « humanités-littérature-philosophie » (HLP) n'est pas simple à organiser par des professeurs qui n'ont pas l'habitude de travailler ensemble... « C'est bien sûr nouveau et donc bouleversant au sens littéral du terme mais je crois que c'est une belle opportunité de regarder son métier et sa relation aux élèves d'une autre façon », assure Pierre Mathiot. Une belle ambition qui pourrait bien être fracassée par le poids des disciplines. « Au final il y a surtout de l'histoire-géographie en HGGSP car ce sont les professeurs qui ont le plus de poids. En HLP cela se fait au cas par cas avec parfois des marchandages sans fin avec les proviseurs », note Philippe Watrelot.

Le choc des spécialités

En plus de leur tronc commun les élèves de première et terminale sont appelés à choisir un enseignement optionnel de trois heures et trois spécialités de quatre heures chacune (réduites à deux de six heures chacune en terminale) parmi les douze proposées. Ce qui a suscité et suscite toujours de nombreux débats. Notamment chez ceux qui craignent de perdre du poids dans l'affaire. « La fin des séries explique sans doute la focalisation sur les spécialités car pas mal de monde cherche encore les séries derrière les spécialités, mais je note qu'il n'y a aucun débat sur le contenu du tronc commun, sur les options, les heures d'orientation ou le Grand oral qui avait pourtant fait tant parler de lui au début. En fait on se focalise actuellement à presque 100 % sur 40 % du volume horaire », regrette Pierre Mathiot.

Des spécialités... mais pas partout

Pour les choisir encore faut-il que les spécialités soient enseignées dans son lycée. En 2020 ce sont ainsi neuf lycées sur dix qui sont en mesure de proposer à leurs élèves au moins sept enseignements de spécialité.

Dans l'académie de Grenoble moins de quarante lycées proposent par exemple la spécialité « numérique et sciences informatiques » sur un total de 122. « Dans un grand lycée on peut ouvrir la plupart des spécialités – ou avoir des accords avec des lycées proches pour les autres – mais dans beaucoup de lycées, les proviseurs ont dû demander à leurs élèves de faire quatre vœux (la moyenne est de 3,6) pour laisser la porte au dialogue et à des refus s'il n'y a pas assez de demandes pour ouvrir une spécialité », établit Philippe Watrelot. Plutôt qu'une carte ouverte certains lycées ont ainsi fixé des « menus de spécialités » recomposant peu ou prou les anciennes filières du bac général.

LE BAC 2021[2]

La session 2021 du baccalauréat a vu la disparition des trois filières (ES, L et S) du bac général. Mais elle a surtout été marquée par un taux une nouvelle fois très important de réussite. Le recours au contrôle continu plutôt qu'au contrôle final dans l'examen des spécialités semble en effet avoir beaucoup favorisé les candidats.

- 732 800 candidats, y compris des formations agricoles, se sont présentés à la session de juin 2021 du baccalauréat.
- 687 200 candidats ont été reçus.
- Le taux de réussite global atteint 93,8 % (en baisse de 1,9 point par rapport à 2020).
- Depuis 2014 le taux de réussite global se situait autour de 88 %.
- 64,2 % des candidats obtiennent une mention (73,5 % dans la voie générale où 39,5 % des candidats obtiennent une mention « Bien » ou « Très bien »).
- 371 100 candidats ont obtenu le bac général soit 54 % des bacheliers et 44,8 % d'une génération.

Source : « Le baccalauréat 2021 », ministère de l'Éducation nationale, de la Jeunesse et des Sports ■

2. Ces chiffres proviennent de *Repères et références statistiques sur les enseignements, la formation et la recherche 2018*, Ministère de l'Éducation nationale.

De trois à deux spécialités

En terminale les choix s'affinent et les élèves abandonnent une des deux spécialités choisies en première. Mais on peut également changer d'avis et donc d'orientation entre les deux classes sur avis du conseil de classe. « Cela permet de passer de 4 heures à 6 heures par semaine pour les deux spécialités conservées. Ensuite, cela permet aux élèves de faire un choix progressif en fonction de leur projet, pour l'enseignement supérieur. L'élève abandonne une spécialité en fonction de son projet et, dans le cas des mathématiques, pourra arrêter tout en prenant une option mathématiques », explique Pierre Mathiot.

Quels choix de spécialités ont effectué les élèves en première ?

À la rentrée 2020, 64 % des élèves de première générale ont choisi d'étudier les mathématiques. Viennent ensuite les Sciences économiques et sociales (SES) pour 44 % des élèves, la physique-chimie pour 43 % et la SVT pour 39 %. Ces quatre matières étaient aussi les plus plébiscitées à la rentrée 2019, mais pas tout à fait dans cet ordre. Si les mathématiques sont toujours les plus choisies, elles le sont un peu moins : 69 % des élèves de première générale ont fait ce choix en 2019 contre 64 % en 2020.
Les SES étaient en quatrième position, choisies par 39 % des élèves ; 44 % d'entre eux ont choisi SES en 2020. Les parts des élèves ayant choisi physique-chimie ou SVT sont plus faibles en 2020 que l'année passée (respectivement – 3,4 et – 3,8 points de moins). Parallèlement, deux matières ont été notablement plus choisies en 2020 qu'en 2019. Histoire-géographie-géopolitique et sciences politiques (HGGSP) passe ainsi de 35 % en 2019 à 38 % en 2020 tandis que Langues, littératures et cultures étrangères et régionales (LLCE) progressent de 28 % à 30 %.
On assiste donc globalement à un rééquilibrage des enseignements de spécialité choisis, les enseignements scientifiques (mathématiques, physique-chimie et SVT) l'étant moins en 2020 qu'en 2019 au profit des SES, de HGGSP et des langues. Ce que confirment

les choix de triplette puisque les triplettes incluant les mathématiques ont tendance à être moins choisies alors qu'à l'inverse celles incluant les SES progressent.

La hiérarchie globale a ainsi très légèrement évolué entre 2019 et 2020 même si les 18 premières triplettes, qui regroupent à la rentrée 2020 80 % des élèves de première générale, sont exactement les mêmes qu'en 2019 (elles regroupaient 82 % des élèves en 2019). La triplette « HGGSP, maths, SES », en deuxième position en 2019, devient le troisième choix en 2020, remplacée par « HGGSP, LLCER, SES ». La part des élèves ayant choisi « HGGSP, humanités, SES » progresse, passant de 4,5 % des élèves à 5,9 % en 2020.

Les triplettes les plus choisies en 2020 et 2019 en première générale (en %)

Triplettes	Part des élèves 2019	Part des élèves 2020	Différence 2019-2020	Part des filles 2019	Part des filles 2020	Différence 2019-2020
Mathématiques, physique-chimie, SVT	28,3	23,8	-4,5	56,9	57,0	0,1
Histoire-géo-politique, langues littérature, SES	7,2	8,1	1,0	65,3	66,1	0,8
Histoire-géo-politique, mathématiques, SES	8,1	7,6	-0,4	53,9	52,2	-1,8
Histoire-géo-politique, humanités littérature philo, SES	4,5	5,9	1,5	72,8	73,5	0,6
Mathématiques, numérique, sciences informatiques, physique-chimie	4,2	4,3	0,1	13,4	13,6	0,2
Histoire-géo-politique, humanités littérature philo, langues littérature	4,4	4,1	-0,3	79,1	79,5	0,4
Mathématiques physique, chimie, sciences de l'ingénieur	4,3	3,8	-0,5	15,1	15,1	0,0
Mathématiques, physique-chimie, SES	3,2	3,8	0,6	38,9	37,9	-1,0
Langues littérature, mathématiques, SES	3,4	3,3	-0,1	67,6	64,5	-3,1
Mathématiques, SVT, SES	3,3	2,9	-0,4	59,9	59,4	-0,5
Histoire-géo-politique, SVT, SES	2,1	2,5	0,4	52,5	53,8	1,3
Humanités littérature et philo, langues littérature, SES	1,8	2,3	0,5	85,0	86,1	1,1
Langues et littérature, mathématiques, physique-chimie	2,1	2,2	0,2	45,4	42,7	-2,7
Histoire-géo-politique, mathématiques, physique-chimie	1,5	1,7	0,2	38,7	36,2	-2,5
Langues littérature, SVT, SES	0,8	1,1	0,3	69,8	70,5	0,7
Langues littérature, mathématiques, SVT	1,2	1,0	-0,2	72,0	69,8	-2,2
Histoire-géo-politique, mathématiques, SVT	1,1	1,0	-0,1	54,9	55,0	0,1
Histoire-géo-politique, langues littérature, mathématiques	0,9	0,9	-0,1	71,3	66,1	-5,2
Autres	17,6	19,5	1,9	59,2	58,6	-0,6
Ensemble	100	100		55,9	55,9	

Quels choix de spécialités ont effectué les élèves en terminale ?

À la rentrée 2020, 41 % des 376 000 élèves de terminale générale ont choisi de conserver la spécialité mathématiques, un tiers la physique-chimie ou les sciences économiques et sociales (SES) et 27 % les sciences de la vie et de la Terre (SVT) ou l'histoire-géographie, géopolitique et sciences politiques selon la note du ministère de l'Éducation nationale, de la Jeunesse et des Sports intitulée « À la rentrée 2020, les élèves de terminale précisent leur choix de parcours ». La doublette la plus fréquemment choisie est « mathématiques, physique-chimie », par 20 % des élèves.

Des chiffres qui permettent également de calculer le taux d'abandon des spécialités d'une année à l'autre. Comme on le savait déjà c'est la spécialité mathématiques qui connaît le plus fort taux d'abandon puisqu'on passe de 68,7 % à 41,1 % de choix. Des abandons sans doute largement compensés par le choix de l'option « mathématiques complémentaires » destiné prioritairement aux élèves qui ont suivi l'enseignement de spécialité de mathématiques en classe de première et ne souhaitent pas poursuivre cet enseignement en terminale. Comme beaucoup le prédisaient la spécialité SVT est également largement abandonnée au profit de la physique-chimie beaucoup plus essentielle pour intégrer les écoles d'ingénieurs.

Si les quinze premières doublettes de terminale regroupent près de 90 % des élèves de terminale générale à la rentrée 2020, les cinq premières regroupent six élèves sur dix. Trois d'entre elles, qui regroupent 40 % des élèves, sont des doublettes « scientifiques » : 20 % des élèves ont ainsi choisi « mathématiques et physique-chimie », 13 % « physique-chimie et SVT », et 7 % « mathématiques et SVT ». Le choix de suivre « histoire-géographie, géopolitique et sciences politiques (HGGSP) et SES » a été fait par près de 15 % des élèves de terminale et « mathématiques et SES » par 7 %.

Répartition par sexe et secteur des élèves selon les enseignements de spécialité en terminale générale en 2020

Enseignement de spécialité	Nombre d'élèves ayant choisi l'enseignement	% d'élèves ayant choisi l'enseignement	Filles	Garçons	% de filles	% de garçons	Public	Privé	% de public	% de privé
Mathématiques	154 444	41,09	64 674	89 770	41,9	58,1	115 487	38 957	74,8	25,2
Physique-chimie	126 671	33,70	60 146	66 525	47,5	52,5	93 021	33 650	73,4	26,6
Sciences économiques et sociales	123 583	32,88	75 427	48 156	61,0	39,0	94 973	28 610	76,8	23,2
Sciences de la vie et de la Terre	101 022	26,88	63 862	37 160	63,2	36,8	79 680	21 342	78,9	21,1
Hist-géo. géopolitique et sciences politiques	99 615	26,51	62 121	37 494	62,4	37,6	76 525	23 090	76,8	23,2
Langues, littérature et cultures étrangères et régionales	68 329	18,18	49 492	18 837	72,4	27,6	55 152	13 177	80,7	19,3
Humanités, littérature et philosophie	35 077	9,33	28 007	7 070	79,8	20,2	28 101	6 976	80,1	19,9
Numérique et sciences informatiques (NSI)	13 907	3,70	1 818	12 089	13,1	86,9	11 309	2 598	81,3	18,7
Arts plastiques	9 679	2,58	7 446	2 233	76,9	23,1	8 122	1 557	83,9	16,1
Sciences de l'ingénieur et sc physiques	7 604	2,02	1 014	6 590	13,3	86,7	6 676	928	87,8	12,2
Cinéma-audiovisuel	3 446	0,92	1 986	1 460	57,6	42,4	3 018	428	87,6	12,4
Théâtre	2 149	0,57	1 598	551	74,4	25,6	1 964	185	91,4	8,6
Histoire des arts	1 884	0,50	1 489	395	79,0	21,0	1 818	66	96,5	3,5
Musique	1 428	0,38	891	537	62,4	37,6	1 382	46	96,8	3,2
Littérature et LCA latin	409	0,11	312	97	76,3	23,7	320	89	78,2	21,8
Danse	396	0,11	344	52	86,9	13,1	387	9	97,7	2,3
Littérature et LCA grec	119	0,03	102	17	85,7	14,3	87	32	73,1	26,9
Arts du cirque	85	0,02	60	25	70,6	29,4	85	0	100,0	0,0
Biologie écologie	16	0,00	9	7	56,3	43,8	10	6	62,5	37,5
Ensemble	375 826		210 882	164 944	56,1	43,9	289 245	86 581	77,0	23,0

Filles ou garçons : quels choix de spécialités ?

Seulement 13 % des élèves suivant la spécialité numérique et sciences informatiques (NSI) ou la spécialité sciences de l'ingénieur (SI) sont des filles alors que ces dernières représentent 56 % des élèves de terminale générale. Des filles qui sont aussi, mais dans une moindre mesure, sous-représentées en mathématiques (42 % de filles) et en physique-chimie (48 %). Inversement, les garçons sont sous-représentés en grec (14 % de garçons), « humanités, littérature et philosophie » (20 %), latin (24 %) et LLCER (28 %). Ils sont aussi globalement sous-représentés dans l'ensemble des sept enseignements artistiques : 28 % de garçons contre 72 % de filles.
La proportion de filles et de garçons dans les doublettes de terminale prolonge celle des choix de spécialités en première. Ainsi, près de neuf élèves ayant choisi « mathématiques et SI » ou « mathématiques et NSI » sur dix sont des garçons. La doublette « mathématiques et physique » demeure cependant largement masculine (64 %). À l'inverse, parmi les élèves ayant choisi « humanités et LLCER » et « humanités et SES » plus de huit sur dix sont des filles. Elles sont aussi surreprésentées dans les doublettes « LLCER et SES », « HGGSP et LLCER » et enfin « HGGSP et humanités ».

Quels choix de spécialités selon les catégories sociales ?

À la rentrée 2020, si 39 % des élèves de terminale générale sont d'origine très favorisée, ils sont surreprésentés dans les deux spécialités les plus choisies, mathématiques et physique-chimie, où la part d'élèves d'origine très favorisée est respectivement de 46 % et 45 %, pour 17 % et 18 % d'élèves d'origine défavorisée (pour 21 % d'élèves d'origine défavorisée pour l'ensemble des terminales générales). La part des élèves d'origine très favorisée dans la doublette la plus choisie, « mathématiques et physique-chimie » grimpe à 52 %, pour 14 % d'élèves d'origine défavorisée.

Si la répartition des élèves par origine sociale n'est pas très différente de la moyenne pour l'enseignement HGGSP, la doublette « HGGSP et mathématiques » a, en revanche, un profil bien particulier : 55 % des élèves y sont d'origine très favorisée et 14 % d'origine défavorisée.
Inversement, deux spécialités ont attiré plus d'élèves d'origine défavorisée que les autres : humanités et LLCER (respectivement 27 % et 25 %). La combinaison de ces deux spécialités accueille 28 % d'élèves d'origine défavorisée. Autre combinaison dans laquelle les élèves d'origine défavorisée sont surreprésentés : « humanités et SES » « (29 %) et « SVT et SES » (28 %).

Répartition par origine sociale des élèves pour les spécialités les plus choisies en terminale générale en 2020

Enseignements de spécialité	% d'élèves d'origine sociale ...			
	très favorisée	favorisée	moyenne	défavorisée
Mathématiques	46,2	14,0	22,4	17,3
Physique-chimie	45,4	14,5	22,4	17,7
Sciences économiques et sociales	35,9	14,0	27,0	23,1
Sciences de la vie et de la Terre	33,9	15,8	26,8	23,5
Hist-géo. géopolitique et sciences politiques	36,6	14,3	26,6	22,5
Langues, littérature et cultures étrangères et régionales	31,7	14,7	28,3	25,3
Humanités, littérature et philosophie	31,2	14,8	27,4	26,5
Numérique et sciences informatiques (NSI)	35,0	16,1	25,5	23,4
Arts plastiques	33,2	15,2	27,4	24,2
Sciences de l'ingénieur et sc physiques	34,5	16,8	24,6	24,1
Cinéma-audiovisuel	35,5	15,2	26,7	22,7
Théâtre	33,4	15,2	27,1	24,3
Histoire des arts	35,2	14,3	27,1	23,4
Musique	39,2	14,8	25,7	20,3
Littérature et LCA latin	30,9	14,0	25,1	30,0
Danse	39,5	14,4	23,8	22,3
Littérature et LCA grec	22,2	15,6	26,7	35,6
Arts du cirque	44,6	8,4	16,9	30,1
Biologie écologie	37,5	0,0	56,3	6,3
Total	**38,8**	**14,6**	**25,3**	**21,4**

Bacs 2022 et 2023 : comment va se dérouler l'évaluation ?

Contrôle continu ou contrôle final il fallait choisir et le ministère de l'Éducation nationale, de la Jeunesse et des Sports a décidé de changer les règles en 2022. Si l'équilibre général entre contrôle continu (40 des 100 coefficients) et contrôle terminal (60 des 100 coefficients) est maintenu aucun enseignement ou spécialité ne sera évalué par le contrôle continu et le contrôle terminal.

Soixante de ces 100 coefficients sont obtenus dans le cadre d'épreuves anticipées ou d'épreuves terminales seules :

- les épreuves anticipées de français en fin de classe de première (écrit, coefficient 5 ; oral, coefficient 5) ;
- les deux épreuves pour les enseignements de spécialité suivis par l'élève en terminale (coefficient 16 pour chacune d'elles) ;
- la philosophie (coefficient 8 en voie générale, 4 en voie technologique) ;
- le Grand oral (coefficient 10 en voie générale, 14 en voie technologique).

Quarante de ces coefficients sont obtenus par le biais du contrôle continu établi sur la base de la seule moyenne générale issue des moyennes annuelles des bulletins scolaires du cycle terminal pour les candidats scolarisés dans l'enseignement public et dans l'enseignement privé sous contrat d'association avec l'État. Si les « évaluations communes » prévues par la réforme sont donc supprimées au profit du seul contrôle continu la banque nationale de sujets (BNS) développée à cet effet reste accessible : les professeurs peuvent y puiser des supports d'évaluation à exploiter pour les devoirs en temps limité proposés à leurs élèves dans le cadre du contrôle continu.

Les 40 coefficients de contrôle continu sont répartis comme suit :

- toutes les disciplines du tronc commun qui ne font pas l'objet d'épreuves terminales (langues vivantes A et B, histoire-géographie, éducation physique et sportive, enseignement scientifique pour la voie générale, mathématiques pour la voie technologique) se voient attribuer chacune un coefficient 6 (3 en première, 3 en terminale) ;
- l'enseignement de spécialité abandonné en fin de classe de première est crédité d'un coefficient 8 (soit la moitié des enseignements de spécialité conservés par le candidat en classe terminale) ;
- l'enseignement moral et civique reçoit un coefficient 2 (1 en première, 1 en terminale).

QUELLE ÉVALUATION POUR LES ENSEIGNEMENTS OPTIONNELS ?

Les enseignements optionnels sont évalués selon les mêmes modalités dans le cadre du contrôle continu établi à partir des moyennes annuelles des moyennes apposées sur les bulletins scolaires :
- un enseignement optionnel suivi sur l'ensemble du cycle terminal sera considéré à hauteur de 4 coefficients, qui viennent s'ajouter aux 100 coefficients communs du baccalauréat ;
- un enseignement optionnel suivi sur la seule année de terminale (notamment droit et grands enjeux du monde contemporain, mathématiques expertes et mathématiques complémentaires) sera apprécié à hauteur de 2 coefficients.

L'ensemble de ces enseignements optionnels ne pourront donner lieu à une évaluation excédant 14 coefficients (6 en première, soit 3 enseignements optionnels ; 8 en terminale, soit 4 enseignements optionnels). Par exemple, précise le ministère « un candidat ayant ainsi suivi un enseignement optionnel sur les deux années du cycle terminal sera évalué sur la base élargie de 104 coefficients ». Les notes qu'il aura obtenues dans cet enseignement optionnel seront considérées dans leur intégralité. ■

Ces ajustements concernant l'ensemble du cycle terminal seront pleinement mis en œuvre pour la session 2023 des baccalauréats général et technologique. Pour la session 2022, une partie de ces modifications est engagée :

- les enseignements optionnels suivis en terminale bénéficieront des nouvelles modalités d'évaluation : ils seront donc pris en compte à hauteur de 2 coefficients ;
- l'enseignement moral et civique suivi en terminale sera évalué à hauteur de 1 % ;
- les enseignements étant évalués selon le contrôle terminal (philosophie et enseignements de spécialité) ne seront pas pris en compte dans le cadre du contrôle continu.

Les résultats obtenus par les élèves pendant leur classe de première ne seront bien évidemment pas remis en cause.

COMMENT SE DÉROULE LE GRAND ORAL ?

Le Grand oral forme les élèves à « prendre la parole en public de façon claire et convaincante ». Il s'appuie sur les connaissances liées aux spécialités suivies pour « créer une argumentation » et montrer en quoi ces connaissances sont « essentielles pour son projet de poursuite d'études, et même son projet professionnel ». Le jury prend aussi bien en compte les connaissances acquises aussi bien la capacité à argumenter et à relier les savoirs, l'esprit critique, l'expression, la clarté des propos, l'engagement dans la parole que la force de conviction du candidat.

L'épreuve dure 20 minutes (après 20 minutes de préparation en plus) et se déroule en trois temps : un premier temps où le candidat est debout devant le jury (sauf cas particulier), et les 2 autres temps d'échange assis ou debout selon son choix.

Temps 1 : la présentation de la question (5 minutes). La candidat a préparé en avance deux questions avec ses professeurs (éventuellement avec d'autres élèves). Ces questions portent sur les deux spécialités et sont adossées sur tout ou partie du programme du cycle terminal (années de première et de terminale).

Pour la voie générale, chacune de ces questions peut concerner soit une seule des spécialités, soit les deux en même temps. Par exemple, si les 2 spécialités sont histoire-géographie et SVT, une de vos questions peut porter sur l'histoire de la médecine.

Pour la voie technologique, ces questions s'appuient sur une des spécialités de la série.

Au début de l'épreuve, le candidat présente ces 2 questions au jury, qui en choisit une.

Le candidat a ensuite 20 minutes de préparation pour mettre en ordre ses idées et créer un support (des notes avec les points saillants de son intervention, une carte, un graphique, un schéma, etc.). Ce support n'est pas évalué.

Temps 2 : échanges avec le jury (10 minutes). Le jury interroge le candidat pour avoir plus de précisions et lui demander d'approfondir sa pensée.

Attention : le jury peut également interroger le candidat sur tout ou partie du programme du cycle terminal (années de première et de terminale) de ses enseignements de spécialité, en lien avec le premier temps de l'épreuve.

Temps 3 : échanges avec le jury sur le projet d'orientation (5 minutes). À ce stade le candidat évoque les différentes étapes qui lui ont permis d'avancer dans son projet (rencontres, engagements, stages, mobilité internationale, intérêt pour les enseignements communs, choix des spécialités, etc.) et ce qu'il compte en faire après le bac. ■

Entretien avec Pierre Mathiot

La mise en place des nouveaux programmes est engagée

Auteur en 2018 du rapport qui a préfiguré la réforme du bac en cours, co-animateur du comité de suivi de cette même réforme et directeur de Sciences Po Lille, Pierre Mathiot revient avec nous sur sa mise en œuvre.

Olivier Rollot : Un an après que la réforme du bac a commencé à entrer en vigueur, un an avant que les premiers bacheliers en passent les épreuves terminales, quel regard jetez-vous sur la mise en œuvre de ce nouveau bac ?

Pierre Mathiot : Avec la crise du Covid-19 nous n'avons pas vraiment pu évaluer le déroulement des épreuves de contrôle continu, les E3C (épreuves communes de contrôle continu), dont on sait que les premières ont été perturbées par le mouvement social contre la réforme des retraites et les deuxièmes annulées du fait de l'épidémie. Ce que nous pouvons en revanche estimer c'est que la mise en place des nouveaux programmes est engagée, mais qu'il faudra évaluer comment les choses se passent à partir de la rentrée 2021. De même toute la dimension évaluation a bien évolué autour du travail des professeurs principaux. Mais clairement aujourd'hui la « mère de toutes les batailles » reste de stabiliser les conditions du contrôle continu et terminal.

O. R : Comment expliquez-vous une telle opposition aux E3C ? Quand la réforme a été lancée elles ne cristallisaient pas autant d'opposition.

P. M : Au début le contrôle continu a été accepté mais sur une ambiguïté sur laquelle ont surfé les organisations syndicales pour finalement arriver à une sorte de contrôle final adapté. Les E3C ont été au départ conçues dans une logique de compromis avec les syndicats. Mais en fait, ces E3C ne sont pas un contrôle continu classique et se rapprochent plutôt dans leur format des anciennes épreuves anticipées du bac. Nous devons maintenant trouver un compromis avec des organisations syndicales dont certaines sont réformistes, mais minoritaires, et d'autres des nostalgiques absolus des épreuves terminales.

O. R : Mais le contrôle continu classique c'est celui du bac 2020 suite à la crise du Covid !

P. M : De fait la crise sanitaire a conduit la Ministre à proposer un bac entièrement délivré sur la base du contrôle continu intégral, c'est-à-dire les notes données dans la classe par les professeurs des élèves. Et l'argument de nécessité absolue a conduit l'ensemble des acteurs du système éducatif à défendre cette option. On a même vu les syndicats les plus opposés au contrôle continu réclamer haut et fort l'annulation de l'oral de français du bac et son remplacement par les notes de l'année. Aujourd'hui les grands lycées de centre-ville nous reprochent d'ailleurs de favoriser les lycées moyens avec le contrôle continu et ce car les pratiques de notation, dont on sait qu'elles sont une vraie passion française, seraient différentes.
Ce que nous proposons de faire évoluer dans le contrôle continu du nouveau bac ce n'est pas de donner aux lycéens les sujets qu'on veut quand on le veut. Mais ce n'est pas non plus forcément d'avoir des examens qui ont tous lieu le même jour comme dans le bac d'avant. Nous voulons donner toute sa place à la banque nationale de sujets, qui est désormais publique, et qui proposera un nombre suffisamment important de sujets pour qu'il soit impossible de les « bachoter ».
Nous sommes également favorables à la numérisation des copies, car elle est un outil de comparabilité, et à la péréquation des

notes *via* des commissions d'harmonisation annuelles liées au jury du bac.

O. R : La question du choix des spécialités, qui avait beaucoup fait parler d'elle, ne semble plus poser problème.

P. M : Les chiffres montrent qu'aucune discipline n'a été défavorisée. On a pu constater que les choix les plus disruptifs à l'entrée en première ont été faits par des filles de milieux modestes alors que les garçons de milieux aisés ont fait les choix les plus classiques. 80 % des filles se sont engagées sur 17 « triplettes » de spécialités alors qu'il n'en faut que 14 pour parvenir à 80 % des garçons. Du côté des lycées certains ont accepté beaucoup de triplettes et cela n'a pas été sans effets sur les emplois du temps et sur la mise sous contraintes dans l'usage de la dotation horaire globale. 26 ou 27 triplettes dans un lycée c'est déjà très bien, c'est 8 ou 9 fois plus que dans le système des séries. D'autant que si beaucoup d'élèves abandonnent une spécialité à la fin de la première, il faudra encore la proposer pour ceux qui la suivront toujours en terminale. Nous ne sommes donc pas opposés à l'idée de n'ouvrir une spécialité en première qu'à partir d'un nombre minimum d'élèves. En revanche, nous sommes opposés aux triplettes prédéfinies, qui seraient une forme de retour aux séries.

O. R : Pourquoi passer de trois à deux spécialités entre la première et la terminale ?

P. M : L'idée centrale est de penser le lycée comme une montée progressive en spécialisation : 3 spécialités de 4 heures chacune puis 2 de 6 heures. Cela doit permettre aux élèves de faire un choix progressif en fonction de leur projet pour l'enseignement supérieur. L'élève abandonne une spécialité en fonction de son projet et, dans le cas des mathématiques, pourra arrêter tout en prenant mathématiques en option.

O. R : Le niveau de la spécialité mathématiques semble être bien élevé pour beaucoup d'élèves. Cela devrait-il évoluer ?

P. M : Il y a eu sans doute trop d'élèves qui l'ont choisie sans avoir le niveau prévu, très simplement parce que pour la première année de la réforme beaucoup ont raisonné encore sur le modèle de la série S. S'il y a des élèves en difficulté dans la spécialité mathématiques c'est que la réforme ne s'est pas totalement installée et c'est plus que normal car je rappelle que nous en sommes à la première année de mise en œuvre et que les habitudes sont installées dans les familles depuis des décennies. Nous recommandons par ailleurs de dédoubler plus largement les classes en première pour permettre une meilleure prise en compte de « niveaux » hétérogènes.

O. R : À quoi sert exactement l'option mathématiques expertes de terminale ? Elle n'entre pas dans la notation du bac ?

P. M : Les lycéens qui l'auront choisie pourront le faire valoir dans Parcoursup. Même si les options de terminale ne comptent pas beaucoup dans le calcul final du bac, elles sont un élément important d'orientation. Avoir suivi « Maths Expert » sera clairement vu comme une sorte de « drapeau » attestant d'un intérêt très élevé pour les cursus scientifiques. Nous souhaitons par ailleurs que l'autre option de terminale de mathématiques, mathématiques complémentaires, destinée à ceux qui arrêtent la spécialité mathématiques en fin de première, soit dispensée dans tous les lycées.

O. R : Il y avait beaucoup d'interrogations dans l'enseignement supérieur sur la valeur en mathématiques de leurs futurs étudiants. Ces craintes se sont apaisées aujourd'hui ?

P. M : Les seuls qui se posent réellement des questions sont les classes préparatoires les plus sélectives qui, au final, n'accueillent que quelques milliers d'élèves sur près de 950 000 candidats Parcoursup. Aujourd'hui, les choses se passent avec les universités et avec les Grandes écoles mais bien entendu, là encore, un travail dans la durée doit être conduit car le nouveau bac bouleverse les habitudes. Je suis convaincu que recruter des élèves qui seront un peu moins « scientifiques » que par le passé dans un cursus dit scientifique ce n'est pas la fin du monde, ne serait-ce que parce que les scientifiques auront de plus en plus besoin de disposer d'un bagage de culture générale, d'histoire, d'économie.

O. R : En 2021, le contrôle final des spécialités en terminale ne va-t-il pas avoir lieu trop tard dans l'année pour que les notes soient prises en compte par les établissements d'enseignement supérieur ?

P. M : Dans le futur bac, le contrôle final a vocation à avoir lieu fin mars pour que toutes les notes soient bien récupérables par les établissements d'enseignement supérieur. La réforme a parmi ses objectifs centraux de s'articuler avec la préparation à l'enseignement supérieur et, en l'espèce, à Parcoursup qui constitue en quelque sorte le guichet unique vers l'enseignement supérieur. Ce qu'il faut c'est que le maximum des résultats du bac soit connu au moment de Parcoursup. Avec la réforme cela doit être 67 %, le reste étant noté entre mai et juin. Les épreuves finales des deux enseignements de spécialité comptent pour 32 % du total du bac, il est donc logique et essentiel de faire en sorte que leurs résultats soient intégrés à Parcoursup. Je sais bien que cela ne va pas sans poser des soucis d'organisation et de réalisation des programmes mais c'est l'un des points centraux du système bac-3/bac+3 que l'on est en train de construire.

O. R : On ne sait pas trop encore comment vont être organisées les heures d'accompagnement à l'orientation. Pourtant c'est un enjeu crucial qui était au cœur de votre projet.

P. M : Cette question a été au centre de ma réflexion lorsque j'ai réalisé le rapport au début de 2018. Je pense que l'on peut dire que nous en sommes encore pour une part au stade du *work in progress*. Le lycée doit clairement être le lieu de préparation à ce qui se passe après. C'est une exigence citoyenne, ne serait-ce que si l'on veut faire en sorte de réduire les inégalités sociales et culturelles dans les conditions d'accès à l'enseignement supérieur. L'Onisep de son côté, les établissements du Sup pour leur part ont déjà beaucoup travaillé mais on est clairement encore loin du compte. Cela va constituer l'une des priorités majeures des temps qui viennent.

O. R : La question du Grand oral de fin de terminale, qui avait beaucoup agité les esprits (épreuve qui représente 10 % de la notation au bac), est-elle aujourd'hui résolue ? Notamment sur sa préparation.

P. M : Les textes sont parus juste avant la crise sanitaire et on en a donc peu parlé. La grande question c'est quelle est la latitude de choix des élèves par rapport à la spécialité. Pour ce qui est de la préparation, elle se fera en grande partie après la fin de contrôle des spécialités en mars. Le Grand oral va porter sur les enseignements de spécialités donc il est évident que les élèves auront grand intérêt à aller en cours après les vacances de Pâques pour parfaire leur préparation. Du côté des enseignants, on doit avancer sur les questions du temps dédié à la préparation formelle de l'exercice oral.

O. R : Certains enseignants considèrent qu'ils ne sont pas formés à préparer leurs élèves au Grand oral…

P. M : Les enseignants dans leur travail ordinaire ont l'habitude de faire passer des exposés et ils ont presque tous préparé aux TPE (travaux personnels encadrés) et participé à des jurys de TPE. Au fond, ils ont une certaine expérience de ce type d'exercice, renforcée par le fait qu'ils ont passé eux-mêmes des concours adossés à des épreuves orales. Leur problème fondamental est la crainte de ne pas avoir du temps pour cette préparation dans le cadre des six heures de la spécialité de terminale. Je pense que l'on arrivera à faire coexister la préparation de fond et la préparation sur la forme dans le cadre des 6 heures de spécialité.

PARTIE 1

POURQUOI UN NOUVEAU BAC GÉNÉRAL ?

Sommaire

En ouvrant de larges choix de spécialités en première et terminale, la réforme du lycée entend inciter les élèves à construire leur propre parcours. La lettre de mission du ministre de l'Éducation nationale, Jean-Michel Blanquer précisait ainsi : « L'ambition est à la fois de simplifier l'organisation du baccalauréat, d'affirmer sa fonction d'accès à l'enseignement supérieur en lien avec la question essentielle de l'orientation et de restaurer sa crédibilité en en faisant une étape déterminante de la réussite future de nos élèves. »

« Il ne faut pas oublier que le point de départ était l'évolution du bac alors que tout le débat se focalise aujourd'hui sur un point particulier, certes important, qui est le choix des spécialités », note Pierre Mathiot, copilote du comité de suivi de la réforme du bac et directeur de Sciences Po Lille. Car c'est à noter : la réforme du bac, premier examen de l'enseignement supérieur, mais également du lycée, a bien été pensée en amont par un éminent spécialiste de l'enseignement supérieur. La jonction entre l'enseignement secondaire et l'enseignement supérieur est au cœur de la réforme.

Un ancien BAC dépassé ?

Trop compliqué, trop cher à organiser, inadapté, le bac était de plus en plus voué aux gémonies. Le rapport de la mission Mathiot établissait ainsi qu'il était devenu « au fur et à mesure des années un ensemble complexe, lourd, peu lisible, fragilisé par des défaillances ponctuelles, sans parler de ses coûts divers et des effets de focalisation qu'il produit sur l'ensemble des acteurs (professeurs, encadrement, élèves, parents) ».

Les changements divers, par exemple dans l'attribution de coefficients et/ou de points au-dessus de 10/20, a eu pour conséquence un accroissement rapide du nombre des mentions obtenues (près de 50 % dans les séries générales) et l'apparition de lauréats obtenant une moyenne générale supérieure à 20/20 « au risque d'interrogations nombreuses et légitimes sur sa valeur certificative et donc, d'une perte de sens ».

L'ambition du rapport Mathiot était de « poser les termes d'une réinvention du baccalauréat au sein d'un lycée attentif en même temps à aider les élèves à se projeter vers l'enseignement supérieur et à poursuivre leur construction personnelle et civique ». Et Jean-Michel Blanquer d'insister : « Nous avons besoin d'un rebond dans la qualité de nos bacheliers. »

Dès sa prise de fonction, Emmanuel Macron s'était engagé à réformer le bac. En janvier 2017, il avait parlé de son « coût exorbitant ». Si personne ne s'en vante, la réforme en cours devait d'abord pouvoir faire économiser des dizaines de millions d'euros. « Ce n'est pas au cœur du sujet mais si le bac coûte moins cher en se simplifiant nous faisons d'une pierre deux coups », commentait Jean-Michel Blanquer lors de la présentation du rapport.

Le passage à seulement quatre épreuves finales (60 % de la note finale), joint à un contrôle continu pour les autres, devrait en effet largement simplifier son organisation. Mais beaucoup craignent aussi, selon les mots même du rapport, que la part du contrôle continu ne « perturbe le fonctionnement des classes et des lycées » et « réduise le bac au statut de diplôme d'établissement ».

Construire son propre parcours

En ouvrant de larges choix de spécialités en première et terminale, la réforme du lycée entend inciter les élèves à construire leur propre parcours. En choisissant parmi trois spécialités en première et deux en terminale parmi douze au choix (« arts », « langues, littératures et cultures étrangères », « mathématiques » ou encore « numérique et sciences informatiques »), ils vont se construire un parcours singulier. Ayant forcément un impact sur l'avenir. Dans la voie générale, les douze enseignements de spécialité se déclinent dans des domaines divers, qui peuvent être assemblés sans enfermer les élèves dans des parcours imposés. Leurs combinaisons sont « destinées à leur ouvrir des horizons variés, sans exclusion ». C'est aussi le principal point de crispation avec les syndicats. En supprimant les filières S, ES, L, la réforme remue les « chapelles disciplinaires » qui ne craignent rien de plus qu'une certaine mise en concurrence entre elles du fait du choix donné aux élèves.

Laisser le choix

Quoi qu'il en soit l'ambition reste de laisser les élèves choisir parmi les spécialités proposées en leur garantissant que les établissements d'enseignement supérieur ne limiteront pas trop leurs chances de les intégrer quels que soient leurs choix de spécialités. Les institutions représentatives de l'enseignement supérieur (Conférence des présidents d'université, Conférence des Grandes écoles, Conférence des directeurs des écoles françaises d'ingénieurs, Association des proviseurs de lycées à classes préparatoires aux Grandes écoles) ont signé une charte. Président de la commission Amont de la Conférence des Grandes écoles (CGE) et à ce titre en charge des questions de recrutement dans les Grandes écoles, le directeur des Arts et Métiers, Laurent Champaney, promet : « Nous ne nous focaliserons pas sur la seule combinaison de spécialités "mathématiques" et "physique-chimie". Les écoles ont d'ailleurs déjà bien élargi leur base de recrutement en recrutant des profils différents. Alors que nous pratiquons de plus en plus

l'enseignement par projets, recruter des profils différents est un effet gagnant pour tout le monde. »
Tout le souci de la mise en œuvre du nouveau bac est maintenant de démontrer que de nombreux choix de spécialités sont possibles. En première comme en terminale.
Or, ce que l'on retient pour l'instant, c'est que les spécialités « mathématiques » et « physique-chimie » sont plébiscitées par les élèves qui se prédestinent aux carrières scientifiques les plus ambitieuses. Certes, ils choisissent très largement parmi toutes les autres spécialités la troisième mais en sachant qu'ils l'abandonneront vraisemblablement en terminale pour se concentrer sur le duo à leurs yeux le plus utile dans leur orientation...

Vers une meilleure articulation du lycée et de l'enseignement supérieur ?

Le nouveau bac entend mieux préparer les élèves à l'entrée dans l'enseignement supérieur. « S'il fallait retenir un élément décisif pour justifier la nécessité d'une réforme, on ne peut que constater que le baccalauréat, dans les enseignements qui y mènent et dans ses résultats, n'entre pas suffisamment en ligne de compte pour ce qui concerne la préparation et l'orientation pour l'enseignement supérieur », regrettaient les auteurs du rapport de la commission Mathiot. Car se pose de plus en plus la question de la réussite des élèves dans l'enseignement supérieur. Si les 60 % d'élèves en échec en première année de licence interpellent depuis longtemps la communauté éducative, la baisse constatée du niveau de l'enseignement au lycée – et notamment dans les matières scientifiques – pose problème dans toutes les filières dans les licences comme dans les classes préparatoires, et évidemment encore plus si elles sont scientifiques. Un poids de l'échec de plus en plus impensable dans une société où de nombreux emplois restent à pourvoir. Un poids de l'échec qui touche en premier lieu les élèves les plus fragiles et d'origine modeste.

À quoi sert le bac ?

La question même de l'utilité du bac reste posée. Si on excepte le dispositif « meilleurs bacheliers », qui permet aux lycéens ayant obtenu les meilleurs résultats au baccalauréat dans leur établissement d'accéder à des filières publiques sélectives, il n'entre en rien en ligne de compte dans le choix des filières. Les classes préparatoires choisissent leurs élèves sur dossier, les universités conseillent ou pas aux élèves de les rejoindre sur dossier, les Grandes écoles postbac sur concours, etc.
En fait la seule utilité du bac dans l'orientation est qu'il est le diplôme nécessaire pour confirmer son admission. « De fait, l'immense majorité des lycéens de terminale des séries générales et technologiques savent où ils poursuivront leurs études l'année suivante avant même le début des épreuves finales du bac, qu'il s'agisse d'études dans une voie sélective ou non. Plus encore, une part non négligeable des élèves émettent des vœux d'affectation puis sont admis dans des formations dont les liens avec ce qu'ils ont fait au lycée sont faibles, voire totalement inexistants », stigmatisait le rapport Mathiot.

Que va changer le recours plus large au contrôle continu ?

C'est un élément central de la réforme : le contrôle continu va y occuper 40 % de la note finale. Ainsi les élèves ne « jouent » plus l'ensemble de leurs chances à l'occasion d'épreuves finales. Les experts en attendent notamment une évolution du rapport des élèves au travail en valorisant « un effort continu plutôt qu'une accélération de court terme souvent critiquée sous la qualification de bachotage ».

De quel niveau atteste le bac ?

Le constat des auteurs du rapport était clair : « La valeur certificative du bac est interrogée, notamment du fait de l'augmentation très forte des mentions : 52 % dans la voie générale. » Là aussi le ministre insistait dès avant le lancement de sa réforme : « Le but n'est pas d'avoir moins de bacheliers mais que le bac signifie quelque chose et notamment dans la réussite dans le supérieur. » Et Pierre Mathiot de rebondir : « Cela ne veut pas dire qu'il faut que le bac soit plus difficile à obtenir mais que les résultats que l'on y obtient, et notamment la moyenne générale, correspondent sans doute un peu plus au "niveau" réel des élèves. » Un constat qui va plus loin que la simple adéquation entre les résultats du bac et l'orientation des bacheliers. Pierre Mathiot en est convaincu : « Une partie des lauréats, souvent ceux issus de milieux modestes, accèdent à l'enseignement supérieur en croyant être armés et c'est la catastrophe ! Ils s'investissent dans le système éducatif auréolés d'une certaine forme de succès et se prennent la porte dans la tête. » Son analyse : « Il vaut sans doute mieux avoir son bac avec 11/20 et être conscients des efforts à effectuer qu'avec 14 ou 16/20 et tomber de tellement haut qu'on ne s'en remet pas ! »

Quelle place pour les mathématiques ?

Les programmes du nouveau bac semblent globalement plus exigeants. Notamment dans les disciplines scientifiques et principalement en mathématiques pour ceux qui choisissent cette spécialité. Mais, comme le rappelle Jean Bastianelli : « On parle beaucoup du renforcement des mathématiques mais elles ne sont pas dans le tronc commun. Or de nombreux parcours ont recours aux mathématiques, que ce soit pour faire des études d'ingénieur, de médecine, de la recherche scientifique, mais aussi de l'économie, de la finance, des statistiques, etc. »

Le cri d'alarme poussé par de nombreuses associations de professeurs de l'enseignement supérieur ou l'Académie des Sciences sur la dégradation de la formation scientifique au lycée a donc partiellement provoqué une prise de conscience du ministère de l'Éducation nationale. « Nous nous réjouissons de la mise en place des nouveaux programmes de seconde et première plus exigeants, plus cohérents et plus à même de préparer une entrée dans l'enseignement supérieur. Cet aspect positif est néanmoins contrebalancé par l'architecture des spécialités en terminale conduisant à la disparition pure et simple d'une troisième discipline scientifique », analyse ainsi le président de l'Union des professeurs de classes préparatoires scientifiques (UPS), Mickaël Prost, bien forcé de constater que le volume horaire de sciences n'est pas encore conforme à ses attentes. D'autant que l'option « mathématiques expertes » de terminale n'est pas dispensée dans tous les lycées.

Oublier les mathématiques, est-ce un bon choix ?

Dans l'absolu, on peut totalement oublier les mathématiques en première et terminale dans la mesure où elles ne sont que marginalement présentes dans un « enseignement scientifique » du tronc commun que d'aucuns jugent plus porté sur l'anecdote que sur les sciences « dures ». « Il s'adresse à un public très large avec des objectifs très divers : entre pratique scientifique, découverte des enjeux scientifiques du monde contemporain et mise en lumière de l'apport de la démarche scientifique dans la construction d'un jugement critique, le programme centré sur les sciences expérimentales est certes séduisant mais vaste. Ces contenus seront-ils adaptés à des publics qui n'ont pas tous la même appétence pour les sciences ? », s'interroge Mickaël Prost.
Car quand 68,6 % des élèves de seconde postulent pour obtenir la spécialité « mathématiques » cela signifie qu'il y a à la fois beaucoup plus de demandes pour suivre un enseignement de mathématiques qu'il n'y avait d'élèves en S, mais aussi moins qu'avec le total d'élèves de ES. En cumulant les élèves des deux séries on parvenait en effet à environ 85 % des effectifs qui suivaient un enseignement de maths au lycée. « Ce qui est bien c'est sans doute le "moins mais mieux". 68 % c'est un chiffre très intéressant car ce sont probablement des élèves qui ont envie de faire des maths. Parmi les 52 % d'élèves aujourd'hui en filière S, combien sont-ils, inscrits dans cette série alors qu'ils n'ont aucune intention de faire des études scientifiques ensuite ? », analyse Pierre Mathiot.

Choisir ou pas la spécialité « mathématiques » ?

En définitive, le nouveau lycée « formera mieux aux mathématiques les seuls élèves qui auront choisi de faire des mathématiques » résume Mickaël Prost. C'est la principale crainte de tous ceux qui auraient souhaité la présence des mathématiques dans le tronc commun. Cela rend essentiel le choix de la spécialité mathématiques – voire l'option de terminale « mathématiques expertes » – ou *a minima* de l'option « mathématiques complémentaires ». L'enseignement scientifique de tronc commun – très maigre en mathématiques – n'y suffira pas. « Les mathématiques sont une discipline cumulative. Comme la musique, comme le sport, elles requièrent une pratique régulière pour acquérir des gestes, des techniques et des réflexes. C'est une des raisons qui explique la nécessité de commencer à les pratiquer dès le plus jeune âge », rappelle Mickaël Prost.
Mais cette spécialité n'est-elle pas trop dure justement pour les quelque 33 % d'ex-ES ? La spécialité mathématiques a en tout cas connu le plus fort taux d'abandon de l'ensemble des spécialités pour son premier « test d'abandon ». À la rentrée 2020 on est en effet passé de 68,7 % de choix en première à 41,1 % en terminale. Des abandons largement compensés par le choix de l'option « mathématiques complémentaires » destinée prioritairement aux élèves qui ont suivi l'enseignement de spécialité de mathématiques en classe de première et ne souhaitent pas poursuivre cet enseignement en terminale. Ceux qui auraient sans doute opté pour un bac ES dans l'ancienne configuration du bac général.

Jusqu'à 9 heures de mathématiques en terminale

Les fans des mathématiques peuvent se rassurer. En ajoutant aux 6 heures de la spécialité « mathématiques » les 3 heures de l'option « mathématiques expertes » en terminale, ils peuvent en faire jusqu'à 9 heures par semaine. Une heure de plus qu'en terminale S. « Un élève de terminale demain qui veut vraiment approfondir les maths aura 9 heures, là où auparavant un élève avait 8 heures. On ne peut pas dire que les maths sont affaiblies », insiste le ministre de l'Éducation, Jean-Michel Blanquer.

PARTIE 2

LES NOUVELLES ANNÉES LYCÉE

Après une année de seconde commune à pratiquement tous les élèves qui n'ont pas opté pour un bac professionnel en fin de troisième, les élèves de seconde générale et technologique ont à choisir en première entre un enseignement « général » désormais unique et sept bacs technologiques différents (le huitième, le bac « sciences et technologies de l'hôtellerie et de la restauration » se prépare dès la seconde).
En première et en terminale, tous les élèves suivront un ensemble d'enseignements communs représentant plus de 50 % du temps scolaire.
Mais ils vont surtout choisir des spécialités ayant un grand impact sur la suite de leur parcours.

Sommaire

Comment choisir son lycée ?

Si le choix d'un lycée reste largement lié à celui de son adresse postale il n'en est pas moins possible d'y déroger. Notamment si le lycée de son secteur ne propose pas la langue, l'option ou la spécialité qu'on entend choisir. Les taux de réussite au bac sont également un indicateur majeur sinon exclusif.

La « carte scolaire » : qu'est-ce que c'est et qu'implique-t-elle ?

Destinée avant tout à scolariser chaque élève dans le lycée le plus proche de son lieu de résidence, la « carte scolaire » provoque bien des débats chez ceux qui s'en sentent exclus. Pour quelques dizaines de mètres il peut ainsi être impossible de s'inscrire dans le lycée de son choix. Résultat : les demandes de dérogation sont légion. Mais attention : il ne suffit pas de choisir une langue enseignée uniquement dans le lycée sectorisé auquel on n'a pas droit pour l'obtenir. La ficelle est trop grosse et les rectorats sont vigilants…

À quel lycée correspond votre adresse ?

Chaque Direction des services départementaux de l'Éducation nationale présente sur son site les noms des voies et à quel lycée elles permettent de s'inscrire. Prenons un exemple. Un lycéen habitant rue des Blanchers à Toulouse aura ainsi la possibilité d'intégrer le très réputé lycée Pierre-de-Fermat (après six minutes de marche) quand celui habitant rue de la Blanchisserie devra se contenter du lycée Saint-Sernin (22 minutes à pied, il lui en aurait fallu trois de plus pour aller jusqu'à Pierre-de-Fermat). Ainsi la carte scolaire explique pour une large part l'explosion du coût des logements autour des très bons lycées historiques de centre-ville où les parents rêvent de voir admis leurs enfants.

Est-il possible de demander une dérogation ?

Si son adresse ne correspond pas au lycée souhaité une dérogation est parfois possible. L'article D211-11 du Code de l'Éducation détermine en effet que « dans la limite des places restant disponibles après l'inscription des élèves résidant dans la zone normale de desserte d'un établissement, des élèves ne résidant pas dans cette zone peuvent y être inscrits sur l'autorisation de l'inspecteur d'académie, directeur des services départementaux de l'Éducation nationale, dont relève cet établissement ».
La demande de dérogation doit être adressée au directeur académique des services de l'Éducation nationale.
Si le nombre des demandes pour un établissement dépasse ses capacités d'accueil, le directeur académique accorde les dérogations selon l'ordre suivant :

- les élèves handicapés;
- les élèves bénéficiant d'une prise en charge médicale importante à proximité de l'établissement demandé;
- les boursiers au mérite;
- les boursiers sociaux;
- les élèves dont un frère ou une sœur est scolarisé(e) dans l'établissement souhaité;
- les élèves dont le domicile, en limite de zone de desserte, est proche de l'établissement souhaité;
- les élèves qui doivent suivre un parcours scolaire particulier.

Pour aller plus loin

À Paris consultez le site **www.cartescolaire.paris** pour visualiser quelles rues correspondent à tel ou tel lycée.

Comment bien choisir son lycée ?

Les sites de chaque académie ont mis en ligne une fiche présentant pour chaque lycée :

- sa structure pédagogique;
- ses taux de réussite aux examens sur cinq ans;
- les points forts de son projet d'établissement;
- les priorités de sa politique éducative.

Mais rien ne vaut la visite des lieux au cours des « journées portes ouvertes » (JPO) organisées à l'intention des futurs élèves de seconde et de leurs parents. Elles vous permettront de connaître les conditions de travail proposées aux élèves et de poser toutes les questions, notamment sur le règlement intérieur, le traitement des absences, la communication avec les parents, etc. De plus vous devez bien consulter la liste des spécialités de première et terminale qu'ils proposent. Dans l'académie de Grenoble seuls quatre lycées publics dispensent ainsi les douze spécialités et un seul lycée privé (Saint-Denis d'Annonay).
Dans ce cadre, le choix entre lycées publics, privés (sous et hors contrat) est le plus crucial. Schématiquement les lycées privés bénéficient de l'avantage de pouvoir sélectionner leurs élèves, et donc de les amener plus facilement au succès, quand les lycées publics doivent accueillir tous les publics. Mais qui dit sélection dans le privé dit aussi renvoi des élèves les moins brillants en cours de parcours…

Classements des lycées : ce qu'il faut savoir

Comment les grands médias peuvent-ils chaque année publier des classements des lycées significativement différents en partant des mêmes chiffres que leur délivre le ministère de l'Éducation nationale ? Tout simplement parce que s'affrontent les classements fondés sur la seule réussite des élèves au bac – selon le palmarès 2018 du *Figaro*, on voit ainsi triompher les lycées parisiens Stanislas et Saint-Louis-de-Gonzague – et ceux qui s'attachent à établir la meilleure « plus-value » (c'est-à-dire ceux qui font réussir des élèves au-delà des « attendus » liés à leur catégorie socioprofessionnelle).

Dans cet esprit, en 2018 *Le Monde* célèbre les vertus du lycée Simone-Weil de Dijon (ex aequo avec Haute-Follis de Laval), *l'Etudiant* choisit le lycée Merkaz-Hatorah de Gagny alors que *Le Parisien* leur préfère le lycée Alfred-Nobel de Clichy-sous-Bois. À vous de voir quels critères vous plébiscitez !

Pour aller plus loin

Pour aller plus loin le site de *l'Etudiant* **https://www.letudiant.fr/palmares/classement-lycees.html** donne accès aux résultats lycée par lycée en fonction notamment des indicateurs suivants :

– **Le taux de réussite** au baccalauréat;

– **La capacité à faire progresser les élèves** représente ce que le lycée a en quelque sorte « ajouté » au niveau initial de ses élèves et crée un indicateur de « valeur ajoutée » qui mesure la différence entre les résultats obtenus et les résultats qui étaient attendus, compte tenu des caractéristiques scolaires et sociodémographiques des élèves;

– **Le taux d'accès de seconde,** de première et de terminale au baccalauréat, c'est-à-dire la probabilité qu'un élève obtienne le baccalauréat à l'issue d'une scolarité entière dans un établissement, y compris en redoublant, quand d'autres établissements forcent leurs résultats en ne gardant que les meilleurs élèves;

– **Le taux de mentions au baccalauréat,** c'est-à-dire la part de bacheliers reçus avec mention (assez bien, bien ou très bien) parmi les élèves ayant passé l'examen.

BAC : LA MENTION POUR TOUS ?

Le taux de réussite au bac est bien sûr un élément important pour choisir un lycée. Mais ils sont tous tellement excellents que les parents se sont peu à peu reportés sur les taux de mention. Et aujourd'hui, avec l'inflation des taux de mention « assez bien » ou « bien » dans les lycées, c'est le pourcentage de mentions « très bien » qui fait référence lorsqu'on souhaite distinguer les meilleurs lycées. Ce sont trois lycées privés qui arrivent en tête en 2018. Avec pas moins de 83,4 % de mentions « très bien » en 2018, Saint-Louis-de-Gonzague (dit « Franklin » Paris) arrive en tête devant le lycée Madeleine-Daniélou (Rueil-Malmaison) et Stanislas (Paris). Le premier lycée public, Henri-IV (Paris), est 5e avec près de 73 %. À quand les 100 % ? ■

Quelle spécialité dans quel lycée ?

Si sept spécialités sont implantées dans la très grande majorité des lycées (mathématiques, physique-chimie, sciences de la vie et de la Terre, sciences économiques et sociales, histoire-géographie-géopolitique et sciences politiques, humanités-littérature-philosophie, langues-littératures et cultures étrangères), cinq font seulement « l'objet d'implantations académiques par bassin de formation » : littérature-langues et cultures de l'Antiquité, arts, sciences de l'ingénieur, biologie-écologie, numérique et sciences informatiques. Le choix des spécialités est donc très ouvert… à condition que ce soit possible dans un lycée proche.
À Paris, le lycée Louis-Le-Grand a par exemple ouvert les spécialités de ses deux pôles, littéraire et scientifique, mais pas « sciences économiques ». « Il pourrait y avoir des difficultés pour proposer certaines spécialités dans lesquelles il y aurait très peu de candidatures et qui reviendraient donc très cher à mettre en œuvre : nous allons suivre cela de près ! », confie son ancien proviseur, Jean Bastianelli.

Un site du ministère de l'Éducation nationale propose de choisir sa spécialité lycée par lycée : **http://www.secondes-premieres 2020-2021.fr/**. Toutes les spécialités ne doivent pas forcément être enseignées dans le lycée de votre choix. Des conventions avec des lycées proches peuvent permettre d'élargir son choix. Mais ce n'est le plus souvent pas simple. Prenons l'exemple de l'académie Nancy-Metz. Si vous y choisissez trois enseignements très courants (mathématiques, physique-chimie, histoire-géographie-géopolitique et sciences politiques) c'est un choix très large de 58 établissements qui vous est proposé. Mais si vous remplacez « histoire-géographie-géopolitique et sciences politiques » par « numérique et sciences informatiques » le choix se contraint à seulement 17. Ce qui signifie que si vous habitez Saint-Dizier, il vous faudra soit faire 85 kilomètres chaque jour pour étudier à Nancy (près d'1 heure 30 en train, à peu près autant en voiture) ou un peu moins en voiture (55 minutes) pour aller à Verdun, malheureusement inaccessible en train sans faire un immense détour, ou encore vous installer à Nancy si vous souhaitez suivre ces trois spécialités de concert.

Un choix pas facile qui marque combien les spécialités les plus pointues sont en fait en priorité réservées aux élèves habitant les grandes villes – toujours avec le choix de spécialités précédent,

58 lycées parisiens sont par exemple ouverts – ou susceptibles de s'y rendre ou de s'y installer. Ou alors si, comme dans le cas que nous avons présenté, passionné par le numérique vous avez la chance d'être proche d'un lycée qui a décidé de délivrer la spécialité : en l'occurrence un lycée dont l'intitulé même montre l'inclinaison puisqu'il s'agit du Lycée des métiers de la productique, des automatismes et des énergies renouvelables Jean-Auguste-Margueritte de Verdun.

Mais le choix peut être encore plus contraint. Prenons l'exemple de cet élève de seconde qui veut à la fois faire de la danse et choisir les spécialités humanités-littérature-philosophie et mathématiques. Dans toute l'académie Aquitaine un seul lycée lui est ouvert : à Biarritz. Sur 105 !

La seconde générale : une classe pivot ?

Les années lycée commencent par une année de seconde commune aux classes générales et technologiques puis, alors que les bacheliers professionnels ont déjà pris une orientation plus précise, la première voit bacheliers généraux et technologiques se séparer. Nous vous livrons dans les chapitres ci-dessous les programmes tels qu'ils sont publiés au *Bulletin officiel* de janvier 2021 de l'Éducation nationale pour les disciplines communes à l'ensemble des filières générales et technologiques du lycée.

Bien choisir son orientation dès la seconde

Année majeure d'orientation, le programme de seconde y consacre, depuis l'année scolaire 2018-2019, pas moins de 54 heures tout au long des trois trimestres. Une « fiche dialogue » permet les allers-retours entre les élèves et parents d'un côté, les professeurs et chef d'établissement de l'autre.

Qu'est-ce que le processus d'orientation ?

Voici les principales étapes du processus d'orientation de seconde.
En décembre le premier conseil de classe permet de faire le point sur les aspirations et aptitudes de chaque élève.
En janvier-février sont formulées les « intentions d'orientation » : sur la « fiche dialogue » sont indiqués le bac envisagé, les enseignements de spécialité de la voie générale (quatre voire un cinquième si celui-ci n'est pas proposé dans l'établissement fréquenté) et la série s'il s'agit d'un bac technologique.
Le conseil de classe de mars répond à ces intentions « sur la base des capacités et des acquis de l'élève ».
En avril-mai sont formulés les vœux définitifs y compris les trois spécialités sachant que le conseil de classe peut alors à nouveau formuler des recommandations à la famille sur « la base du bilan annuel des acquis de l'élève ».
En juin le chef d'établissement délivre son verdict qui peut évoluer après une entrevue avec lui ou en passant par une commission d'appel.
En juillet il reste à s'inscrire dans un lycée après la notification définitive d'orientation.

Qu'est-ce que le test de positionnement ?

Avant le mois d'octobre de l'année de seconde générale, technologique ou professionnelle, chaque élève passe depuis la rentrée 2018 un « test de positionnement » qui doit lui permettre « d'identifier ses acquis et ses besoins en maîtrise de la langue française et en mathématiques ». Deux passations de 50 minutes sont organisées sur une plateforme numérique et font l'objet d'une correction automatisée :

- Le test de maîtrise de la langue française est organisé en trois blocs : étude de la langue, compréhension écrite et orale.

Un module optionnel d'évaluation de l'expression orale pourra être expérimenté par des établissements volontaires. Il s'agit d'un temps de mise en situation d'échange oral.

- Le test de mathématiques sera organisé en deux sous-thèmes communs : « organisation et gestion de données » et « nombres et calcul ». La « géométrie » et le « calcul littéral » peuvent en effet être abordés.

Le profil individuel de chaque élève, référé à des repères nationaux selon quatre degrés de maîtrise dans chaque sous-ensemble de connaissances et de compétences qui en résulte, permet de « construire un dispositif d'accompagnement personnalisé et adapté, s'appuyant sur diverses sources ». Un accompagnement personnalisé sera dédié, si nécessaire, à l'approfondissement de l'expression écrite et orale en langue française et des compétences en mathématiques.

Qu'est-ce que la « fiche dialogue » ?

Ce qu'on appelle une « fiche dialogue » retrace le suivi des échanges entre l'élève et sa famille d'une part et le conseil de classe et le chef d'établissement d'autre part, aux phases provisoire et définitive de la procédure. L'élève et sa famille y formulent leurs demandes dans le cadre des voies d'orientation générale et technologique. Le conseil de classe répond à ces demandes d'orientation dans ce même cadre. En cas de désaccord, après un entretien avec le chef d'établissement, la famille peut faire appel de la décision d'orientation ou demander le maintien dans la classe d'origine.

Aux phases provisoire et définitive de la procédure d'orientation, elle permet aux familles qui demandent la voie générale de « faire connaître l'état de leur réflexion pour le choix des enseignements de spécialité qui leur incombe et au conseil de classe de formuler des recommandations sur ces choix en fonction du bilan des acquis de l'élève, et en tenant compte des spécificités organisationnelles de l'établissement ».

À l'issue du dialogue, c'est l'élève, avec sa famille, qui choisit ses enseignements de spécialité en toute connaissance de cause et dans le cadre de l'offre accessible en restant dans son établissement d'origine ou en changeant d'établissement.

L'aide au choix de l'orientation

En seconde, l'aide au choix de l'orientation se décline en trois grands axes :

- Découvrir le monde professionnel et s'y repérer.
- Connaître les formations de l'enseignement supérieur et leurs débouchés.
- Élaborer son projet d'orientation.

D'une durée de 54 heures elle comprend des actions ponctuelles dédiées à l'orientation : les deux semaines de l'orientation (novembre-décembre et janvier-février), des journées de découverte des métiers, des périodes d'observation en milieu professionnel et dans l'enseignement supérieur, etc.
Un outil de suivi, de type carnet de bord (papier ou numérique) ou portfolio, peut être utilisé et encouragé. Il permet à l'élève de se constituer progressivement un portefeuille de compétences afin de « recenser tous ses acquis au cours du lycée et de les valoriser ».

LES SEMAINES DE L'ORIENTATION

Deux temps forts visent à permettre à chaque lycéen de préciser son projet. La première semaine de l'orientation, située fin novembre-début décembre de l'année de seconde, constitue un temps d'exploration et de réflexion. La deuxième semaine, située fin janvier-début février, permet de poursuivre et d'affiner la réflexion.
Au cours de ces deux semaines, un ensemble d'actions et d'événements est organisé au sein du lycée et en dehors. Le lycéen peut aussi bien échanger avec les équipes pédagogiques de l'établissement sur son projet que rencontrer et échanger avec des acteurs de l'enseignement supérieur (étudiants comme enseignants) et des représentants des mondes économique et professionnel ou encore visiter des établissements de l'enseignement supérieur et prendre connaissance des ressources qui peuvent l'aider à construire son projet d'orientation. ■

Les programmes de seconde : que faut-il retenir ?

Si la seconde n'est pas une année de choix de spécialités la seconde générale et technologique n'en est pas moins décisive pour ses choix futurs. Nous vous présentons ci-dessous l'essentiel des objectifs à atteindre par les élèves de seconde leur permettant de choisir une filière spécifique sachant que l'enseignement de la seconde générale et technologique est ainsi réparti par semaine :

Français : 4 heures
Mathématiques : 4 heures
Histoire-géographie : 3 heures
Physique-chimie : 3 heures
Langues vivantes A et B : 5 heures 30
Sciences économiques et sociales : 1 heure 30
Sciences de la vie et de la Terre : 1 heure 30
Sciences numérique et technologie : 1 heure 30
Éducation physique et sportive : 2 heures

Enseignement moral et civique : 18 heures par an

S'y ajoutent des enseignements optionnels : un enseignement général et un autre technologique au choix.

Le programme de français de seconde

C'est clairement indiqué en préambule de la présentation du programme de français qui est entré en vigueur à la rentrée 2018 dans les classes générales comme technologiques : il faut revenir aux fondamentaux. « Si l'étude de la littérature constitue le cœur de l'enseignement du français au lycée, le travail sur la langue doit y retrouver une place fondamentale, comme c'est le cas au collège, car c'est de la maîtrise de la langue que dépendent à la fois l'accès des élèves aux textes du patrimoine littéraire et leur capacité à s'exprimer avec justesse à l'écrit et à l'oral. » L'amélioration de la compréhension et de l'expression écrites et orales est donc prioritaire. L'objectif est « d'enrichir son lexique, de structurer sa pensée par le mot le plus juste, de percevoir la nuance d'une formule chez un auteur, d'en proposer une reformulation, d'appréhender et de manipuler la structure syntaxique d'une phrase, de s'approprier le fonctionnement et les nuances de sa langue ».

L'enseignement du français en classe de seconde vise à « rendre plus nette la conscience linguistique des élèves et plus solide leur connaissance de la langue, pour leur permettre d'avoir une compréhension plus fine de ce qu'ils lisent et de s'exprimer avec aisance, justesse et rigueur à l'écrit et à l'oral ». Ses principaux objectifs sont donc de faire « réfléchir, lire, écrire et parler les élèves ».

De plus une évaluation des acquis des élèves, conduite en début de seconde, aide à définir les prérequis non maîtrisés, qui devront être retravaillés, par exemple lors de l'accompagnement personnalisé.

Pour atteindre ces objectifs, les professeurs abordent les objets d'étude en proposant aux élèves la lecture d'œuvres intégrales (ou de sections substantielles et cohérentes d'œuvres intégrales) pour les genres du théâtre ainsi que du roman et du récit, ou des parcours qui prennent la forme de groupements de textes organisés de façon chronologique, pour les genres poétiques et la littérature d'idées.

À cet effet, chaque élève étudie quatre œuvres intégrales et deux parcours par an. De plus trois œuvres au moins, distinctes de celles qui sont étudiées en cours, doivent être lues par l'élève. Sont notamment étudiées des œuvres issues de :

- la poésie du Moyen Âge au XVIIIe siècle;
- la littérature d'idées et la presse du XIXe siècle au XXIe siècle;
- le roman et le récit du XVIIIe siècle au XXIe siècle;
- le théâtre du XVIIe siècle au XXIe siècle.

Concernant la grammaire, elle est abordée de manière progressive et sont au programme :

- les accords dans le groupe nominal et entre le sujet et le verbe (classe de seconde);

- le verbe : valeurs temporelles, aspectuelles, modales, concordance des temps (classe de seconde);
- les relations au sein de la phrase complexe (classe de seconde);
- la syntaxe des propositions subordonnées relatives (classe de seconde);
- lexique (classes de seconde et première).

Le programme d'histoire-géographie de seconde

L'objectif commun de toutes les années lycée est de « transmettre aux élèves des connaissances précises et diverses sur un large pan historique, s'étendant de l'Antiquité à nos jours ». Elles les aident à « acquérir des repères temporels et spatiaux ». Elles leur permettent de discerner l'évolution des sociétés, des cultures, des politiques, les différentes phases de leur histoire ainsi que les actions et décisions des acteurs. Elles les confrontent à l'altérité par la connaissance d'expériences humaines antérieures et de territoires variés. Elles leur « donnent les moyens d'une compréhension éclairée du monde d'hier et d'aujourd'hui, qu'ils appréhendent ainsi de manière plus distanciée et réfléchie ».

Mieux comprendre l'histoire. Concernant plus spécifiquement l'histoire, l'élève doit « comprendre ce que sont un événement, une permanence, une continuité, une rupture, une mutation, une évolution pour saisir la manière dont des sociétés se transforment dans le temps ». Il doit ainsi « prendre conscience de son appartenance à l'histoire de la nation, de l'Europe et du monde ». Là aussi on revient aux fondamentaux : l'organisation du programme est chronologique. Sous l'intitulé « Grandes étapes de la formation du monde moderne », le programme d'histoire de la classe de seconde revient sur des périodes abordées à l'école primaire et au collège. Il couvre un temps long qui « permet d'initier les élèves à une réflexion sur la notion de période historique et de leur donner des repères chronologiques ». Il « approfondit également la connaissance de l'époque moderne et des mutations profondes ». Son introduction est l'occasion de rappeler comment l'histoire a été divisée en quatre grandes périodes avec, pour marquer chacune

d'entre elles, le choix d'une date-clef (476, 1453, 1492, 1789).
Les quatre grandes thématiques traitées sont :

- Le monde méditerranéen : empreintes de l'Antiquité et du Moyen Âge (10-12 heures).
- XVe-XVIe siècles : un nouveau rapport au monde, un temps de mutation intellectuelle (11-12 heures).
- L'État à l'époque moderne : France et Angleterre (11-12 heures).
- Dynamiques et ruptures dans les sociétés des XVIIe et XVIIIe siècles (11-12 heures).

Géographie : mieux comprendre le monde. L'enseignement de géographie vise de son côté à comprendre comment les individus et les sociétés organisent leur espace, s'y développent, le transforment. Elle répond à des questions telles que « Où ? Quels acteurs ? Comment ? Pourquoi ici et pas ailleurs ? » pour décrire et expliquer le fonctionnement des territoires à différentes échelles. Elle met en évidence les interactions entre les sociétés et leurs environnements. Le programme « place les sociétés et les territoires au cœur de l'analyse, en prise directe avec la réalité ».
En géographie le programme s'intitule « Environnement, développement, mobilité : les défis d'un monde en transition ». Comme l'expliquent les concepteurs du programme « l'environnement, le développement et la mobilité apparaissent comme des défis majeurs pour les acteurs et les sociétés du monde actuel, même s'ils sont à appréhender de manière différente selon les contextes territoriaux ». La notion de transition est mobilisée pour rendre compte de ces grandes mutations « à la fois à travers l'étude des évolutions environnementales, démographiques, économiques, technologiques et à travers l'étude des mobilités qui subissent les influences de ces évolutions ».
Les quatre grandes thématiques traitées sont :

- « Sociétés et environnements : des équilibres fragiles » (12-14 heures).
- « Territoires, populations et développement : quels défis ? » (12-14 heures).
- « Des mobilités généralisées » (12-14 heures).
- « L'Afrique australe : un espace en profonde mutation » (8-10 heures).

L'ENSEIGNEMENT MORAL ET CIVIQUE

Le programme d'enseignement moral et civique a été introduit en 2015 à tous les niveaux du primaire et du secondaire. Au lycée (classes générales et technologiques) l'enseignement moral et civique « aide les élèves à devenir des citoyens responsables et libres, conscients de leurs droits mais aussi de leurs devoirs. Il contribue à forger leurs sens critique et à adopter un comportement éthique ».

Le programme de seconde (classes générales et technologiques) est consacré à l'étude de la liberté. Les élèves doivent s'interroger sur « Quels sont les principes et les conditions de la liberté ? », « Comment évoluent la conception et l'exercice des libertés ? ». L'objectif est de « savoir exercer son jugement et l'inscrire dans une recherche de vérité ; être capable de mettre à distance ses propres opinions et représentations, comprendre le sens de la complexité des choses, être capable de considérer les autres dans leur diversité et leurs différences ».

Le programme de première est consacré à l'étude de la société.

Le programme de terminale est consacré à l'étude de la démocratie. ■

Le programme de mathématiques de seconde

L'enseignement des mathématiques de la classe de seconde est notamment conçu pour préparer au choix de l'orientation future : choix de la spécialité mathématiques dans la voie générale, choix de la série dans la voie technologique.

Dans le prolongement des cycles précédents, six grandes compétences sont travaillées :

- chercher, expérimenter (en particulier à l'aide d'outils logiciels) ;
- modéliser, faire une simulation, valider ou invalider un modèle ;
- représenter, choisir un cadre (numérique, algébrique, géométrique...), changer de registre ;
- raisonner, démontrer, trouver des résultats partiels et les mettre en perspective ;
- calculer, appliquer des techniques et mettre en œuvre des algorithmes ;

- communiquer un résultat par oral ou par écrit, expliquer une démarche.

L'enseignement des « nombres et calculs » en classe de seconde conduit les élèves à rencontrer les nombres réels comme abscisses des points d'une droite graduée, et plus largement comme nombres permettant de mesurer des grandeurs. Ils les comparent, ils apprennent qu'il existe des nombres irrationnels, les encadrent par des nombres décimaux ou rationnels. Ils comprennent que calculatrices et logiciels font des calculs approchés. En liaison avec un approfondissement de l'étude des multiples et diviseurs, ils consolident la pratique du calcul sur les fractions. La mise en évidence de la puissance du calcul littéral comme outil de résolution de problème, déjà rencontrée au collège, reste un objectif important. L'élève « doit être confronté à des situations, internes ou externes aux mathématiques, dans lesquelles une modélisation est nécessaire, faisant intervenir variables, expressions algébriques, équations ou inéquations ».
La partie est divisée en :

- **« Histoire des mathématiques »** : il s'agit par exemple de « souligner le gain en efficacité et en généralité qu'apporte le calcul littéral », en expliquant qu'une grande partie des mathématiques n'a pu se développer qu'au fur et à mesure de l'élaboration, au cours des siècles, de symbolismes efficaces.
- **« Manipuler les nombres réels »** : ensemble $\mathbb{R}$ des nombres réels, droite numérique, intervalles de $\mathbb{R}$. Notations ∞+ et −∞, etc. La notion d'intervalle est une nouvelle notion que les élèves n'ont pas apprise avant.
- **« Utiliser les notions de multiple, diviseur et de nombre premier »** : notations $\mathbb{N}$ et $\mathbb{Z}$, définition des notions de multiple, de diviseur, de nombre pair, de nombre impair, etc.
- **« Utiliser le calcul littéral »** : règles de calcul sur les puissances entières relatives, sur les racines carrées ; exemples simples de calcul sur des expressions algébriques, en particulier sur des expressions fractionnaires ; ensemble des solutions d'une équation, d'une inéquation, etc.

L'enseignement de la « géométrie » en classe de seconde introduit les vecteurs du plan comme outil, permettant d'étudier des

problèmes issus des mathématiques et des autres disciplines, en particulier de la physique. On y poursuit l'étude de la géométrie repérée, qui relie nombres, calculs algébriques, fonctions et géométrie et constitue un outil utile à d'autres disciplines. En particulier, introduire la notion d'ensemble de points du plan décrit par une équation, en explicitant le cas des équations de droites.
L'étude de la discipline est divisée en :

- **« Histoire des mathématiques »** : les progrès apportés par la « méthode des coordonnées » de Descartes, puis par la notion de vecteur, permettent par exemple de relier efficacement géométrie, physique et calcul.
- **« Manipuler les vecteurs du plan »** : vecteur MM associé à la translation qui transforme M en M'. Direction, sens et norme; déterminant de deux vecteurs dans une base orthonormée, critère de colinéarité. Application à l'alignement, au parallélisme, etc.
- **« Résoudre des problèmes de géométrie »** : projeté orthogonal d'un point sur une droite.
- **« Représenter et caractériser les droites du plan »** : vecteur directeur d'une droite; équation de droite : équation cartésienne, équation réduite, etc.

L'enseignement des « fonctions » en classe de seconde entend consolider la notion de fonction (comme exprimant la dépendance d'une variable par rapport à une autre), exploiter divers registres, notamment le registre algébrique et le registre graphique, étendre la panoplie des fonctions de référence et étudier les notions liées aux variations et aux extremums des fonctions.
L'étude de la discipline est divisée en :

- **« Histoire des mathématiques »** : très lente élaboration de la notion de fonction, depuis l'Antiquité jusqu'à la codification actuelle.
- **« Se constituer un répertoire de fonctions de référence »** : fonctions carré, inverse, racine carrée, cube : définitions et courbes représentatives.
- **« Représenter algébriquement et graphiquement les fonctions »** : fonction à valeurs réelles définie sur un intervalle ou une réunion finie d'intervalles de $\mathbb{R}$; fonction paire, impaire. Traduction géométrique, etc.

- **« Étudier les variations et les extremums d'une fonction »** : croissance, décroissance, monotonie d'une fonction définie sur un intervalle. Tableau de variations ; maximum, minimum d'une fonction sur un intervalle, etc.

L'enseignement des « statistiques et probabilités » en classe de seconde permet de formaliser la notion de loi (ou distribution) de probabilité dans le cas fini en s'appuyant sur le langage des ensembles et en précisant les premiers éléments de calcul des probabilités. On insiste sur le fait qu'une loi de probabilité (par exemple une équiprobabilité) est une hypothèse du modèle choisi et ne se démontre pas. Le choix du modèle peut résulter d'hypothèses implicites d'équiprobabilité (par exemple, lancers de pièces ou dés équilibrés, tirage au hasard dans une population). Il peut aussi résulter d'une application d'une version vulgarisée de la loi des grands nombres, où un modèle est construit à partir de fréquences observées pour un phénomène réel (par exemple : lancer de punaise, sexe d'un enfant à la naissance). Dans tous les cas, on « distingue nettement le modèle probabiliste abstrait et la situation réelle ». Il est divisé en :

- **« Histoire des mathématiques »** : cadre pour dégager les éléments de la mathématisation du hasard.
- **« Utiliser l'information chiffrée et statistique descriptive »** : proportion, pourcentage d'une sous-population dans une population ; indicateurs de tendance centrale d'une série statistique : moyenne pondérée, etc.
- **« Modéliser le hasard, calculer des probabilités »** : ensemble (univers) des issues. Événements. Réunion, intersection, complémentaire. Loi (distribution) de probabilité. Probabilité d'un événement : somme des probabilités des issues.
- **« Échantillonnage »** : en liaison avec la partie « algorithmique et programmation », on définit la notion d'échantillon. L'objectif est de faire percevoir, sous une forme expérimentale, la loi des grands nombres, la fluctuation d'échantillonnage et le principe de l'estimation d'une probabilité par une fréquence observée sur un échantillon.

L'enseignement « algorithmique et programmation » en classe de seconde est consacré à une consolidation des acquis du cycle

précédent autour de deux idées essentielles : la notion de fonction et la programmation comme production d'un texte dans un langage informatique. Dans le cadre de cette activité, les élèves s'exercent aussi bien à décrire des algorithmes en langage naturel ou dans un langage de programmation qu'à en « réaliser quelques-uns à l'aide d'un programme simple écrit dans un langage de programmation textuel » ou encore à interpréter, compléter ou modifier des algorithmes plus complexes.
Il est divisé en :

- **« Histoire des mathématiques »** : lorsqu'un texte historique a une visée algorithmique, il faut « transformer les méthodes qu'il présente en un algorithme, voire en un programme, ou inversement ».
- **« Utiliser les variables et les instructions élémentaires »** : variables informatiques de type entier, booléen, flottant, chaîne de caractères; boucle bornée et non bornée, etc.
- **« Notion de fonction »** : fonction à un ou plusieurs arguments, fonction renvoyant à un nombre aléatoire.

L'enseignement de « vocabulaire ensembliste et logique » amène les élèves à connaître les notions d'élément d'un ensemble, de sous-ensemble, d'appartenance et d'inclusion, de réunion, d'intersection et de complémentaire, à savoir utiliser les symboles de base correspondant ainsi que la notation des ensembles de nombres et des intervalles. Ils rencontrent également la notion de couple.

LES PROGRAMMES DE LANGUES VIVANTES : UN TOUT DE LA SECONDE À LA TERMINALE

Les programmes de langues vivantes du lycée visent à « mettre les élèves en activité dans des situations de communication propices aux échanges ». Un cours de langue vivante est « avant tout un cours où l'on communique le plus possible en langue étrangère ou régionale, c'est un temps et un espace où celle-ci se parle et s'entend ». La pratique systématique de l'oral à partir de documents authentiques (vidéos, enregistrements, textes et images) est

... /...

complétée par le recours régulier à l'écrit qui permet de « stabiliser les acquis d'une part, d'enrichir les connaissances d'autre part ». L'aisance recherchée à l'oral se construit dans une large mesure grâce à une pratique assidue en classe et hors de la classe, mais aussi en lien avec l'écrit qui permet à l'élève de « mieux fixer la langue ».
Lorsqu'ils entrent au lycée, tous les élèves ont étudié deux langues vivantes étrangères ou régionales. Pour la LV1 (qui devient la LVA pour « langue vivante approfondie » au lycée) tous les élèves doivent avoir au moins atteint le niveau A2 du Cadre européen commun de référence pour les langues. Le lycée doit permettre aux élèves de poursuivre cette progression :
- en LVA, les élèves de seconde confortent leur niveau B1 pour atteindre le niveau B2 à la fin de la terminale;
- en LVB (ex LV2), les élèves de seconde consolident et complètent leur niveau A2 pour atteindre le niveau B1 à la fin de la terminale;
- en LVC (ex LV3), les élèves construisent le niveau A2 en seconde pour atteindre B1 à la fin de la terminale.

En seconde l'acquisition progressive de compétences en langues étrangères, la construction des capacités de compréhension, d'expression, d'interaction et de médiation, s'organisent autour d'une thématique : « l'art de vivre ensemble ». Cette thématique est commune à l'ensemble des langues étudiées, mais peut se décliner différemment pour chaque langue vivante en fonction de ses spécificités culturelles propres.
En déclinant la thématique de l'art de vivre ensemble, les élèves sont censés « découvrir que chaque société est un organisme vivant, héritier d'un passé qui contribue à forger son présent et dont les références permettent de mieux comprendre les réalités actuelles, mais aussi se projettent dans un avenir qui mobilise l'imagination, le besoin de créer et le désir d'aller de l'avant ».

En première comme en terminale la maturité intellectuelle des élèves permet de « développer une approche raisonnée, comparative et plus systématisée des différents constituants de la langue, c'est-à-dire le lexique, la grammaire, la phonologie et l'orthographe ». L'élève est encouragé à mobiliser l'ensemble de son répertoire linguistique pour « développer un usage approfondi de chaque langue pratiquée ». ■

Le programme de physique-chimie de seconde

L'enseignement de physique-chimie de seconde a pour objectifs de « faire pratiquer les méthodes et démarches de ces deux sciences en mettant particulièrement en avant la pratique expérimentale et l'activité de modélisation ». Il porte l'ambition de « permettre aux élèves d'accéder à une bonne compréhension des phénomènes étudiés et de leur faire percevoir la portée unificatrice et universelle des lois et concepts de la physique-chimie ».
C'est souligné, cette approche « dans laquelle le raisonnement occupe une place centrale » permet de construire une image fidèle de ce que sera un enseignement de physique-chimie proposé en cycle terminal ou au-delà « dans une formation post-baccalauréat ». Cette trop grande différence entre l'enseignement du lycée et celui de l'enseignement supérieur était en effet l'un des grands reproches qu'on faisait jusqu'ici aux programmes de physique-chimie du lycée.
La partie « constitution et transformations de la matière » aborde les deux échelles de description de la matière qui vont rendre compte de ses propriétés physiques et chimiques. Elle comprend :

- **La « description et caractérisation de la matière à l'échelle macroscopique »** : espèce chimique, corps pur, mélanges d'espèces chimiques, mélanges homogènes et hétérogènes; les solutions aqueuses, un exemple de mélange.
- **La « modélisation de la matière à l'échelle microscopique »** : du macroscopique au microscopique, de l'espèce chimique à l'entité; le noyau de l'atome, siège de sa masse et de son identité, etc.

La partie « modélisation des transformations de la matière et transfert d'énergie » a pour objectif d'identifier et de distinguer les trois types de transformation de la matière, de les modéliser par des réactions et d'écrire les équations ajustées en utilisant les lois de conservation appropriées. Elle parle de :

- **« Transformation physique »** : écriture symbolique d'un changement d'état; énergie de changement d'état et applications, etc.

- **« Transformation chimique »** : modélisation macroscopique d'une transformation par une réaction chimique; synthèse d'une espèce chimique présente dans la nature, etc.
- **« Transformation nucléaire »** : isotopes; aspects énergétiques des transformations nucléaires : soleil, centrales nucléaires, etc.

La partie « mouvement et interactions » prépare la mise en place du principe fondamental de la dynamique. Il s'agit en effet de construire un lien précis entre force appliquée et variation de la vitesse. Elle est composée de :

- **« Décrire un mouvement »** : référentiel et relativité du mouvement; vecteur vitesse moyenne d'un point, etc.
- **« Modéliser une action sur un système »** : modélisation d'une action par une force; principe des actions réciproques – troisième loi de Newton.
- **« Principe d'inertie »** : cas de situations d'immobilité et de mouvements rectilignes uniformes; cas de la chute libre à une dimension, etc.

La partie « ondes et signaux » comprend :

- **« Émission et perception d'un son »** : vitesse de propagation d'un signal sonore; signal sonore périodique, fréquence et période. Relation entre période et fréquence, etc.
- **« Vision et image »** : propagation rectiligne de la lumière; dispersion de la lumière blanche par un prisme ou un réseau, etc.
- **« Signaux et capteurs »** : loi des nœuds; loi des mailles; capteurs électriques, etc.

Le programme de sciences de la vie et de la Terre de seconde

L'enseignement de sciences de la vie et de la Terre (SVT) de seconde vise d'abord à « assurer l'acquisition d'une culture scientifique assise sur les concepts fondamentaux de la biologie et de la géologie » mais aussi à « participer à la formation de l'esprit critique et à l'éducation civique en appréhendant le monde actuel et son évolution dans une perspective scientifique». Un second rôle, pas toujours facile à assumer pour les professeurs, alors que nombre d'enseignements de la discipline sont contestés au nom de convictions religieuses. De plus les élèves doivent «comprendre les responsabilités individuelle et collective en matière de préservation des ressources de la planète (biodiversité, ressources minérales et ressources énergétiques) et de santé».

La partie «la Terre, la vie et l'organisation du vivant» comprend :
- **«L'organisation fonctionnelle du vivant»** avec les sous-parties «l'organisme pluricellulaire, un ensemble de cellules spécialisées» et «le métabolisme des cellules».
- **«Biodiversité, résultat et étape de l'évolution»** avec les sous-parties «les échelles de la biodiversité», «la biodiversité change au cours du temps», «l'évolution de la biodiversité au cours du temps s'explique par des forces évolutives s'exerçant au niveau des populations», «communication intra-spécifique et sélection sexuelle».

La partie «les enjeux contemporains de la planète» comprend :
- **«Géosciences et dynamique des paysages»** avec les sous-parties «l'érosion, processus et conséquences», «sédimentation et milieux de sédimentation», «érosion et activité humaine».
- **«Agrosystèmes et développement durable»** avec les sous parties «structure et fonctionnement des agrosystèmes», «caractéristiques des sols et production de biomasse», «vers une gestion durable des agrosystèmes».

La partie «corps humain et santé» comprend :
- **«Procréation et sexualité humaine»** avec les sous-parties «Corps humain : de la fécondation à la puberté», «Cerveau, plaisir, sexualité», «Hormones et procréation humaine».
- **«Micro-organismes et santé»** avec les sous-parties «Agents pathogènes et maladies vectorielles», «Microbiote humain et santé».

QU'APPREND-ON EN « ÉDUCATION PHYSIQUE ET SPORTIVE » ?

Le programme d'éducation physique et sportive des classes générales et technologiques vise à « permettre à tous les élèves d'enrichir leur motricité, de construire les conditions de leur santé, de développer leur citoyenneté et d'accéder à un patrimoine culturel large par la pratique physique, sportive et artistique ».

Les « APSA ». Si on ne parle plus de « référentiel bondissant » pour un ballon, ses concepteurs des programmes d'éducation physique et sportive aiment toujours autant conceptualiser les activités physiques sportives et artistiques (APSA) réunies en cinq grands champs d'apprentissage :

- quand ils parlent de « réaliser une performance motrice maximale mesurable à une échéance donnée » il s'agit de... courses, sauts, lancers, natation vitesse ;
- s'il s'agit d'« adapter son déplacement à des environnements variés et/ou incertains » ils évoquent l'escalade, la course d'orientation, le sauvetage aquatique ou encore le VTT ;
- ceux qui sont amenés à « réaliser une prestation corporelle destinée à être vue et appréciée » font de la danse, des arts du cirque, de l'acrosport ou de la gymnastique ;
- « conduire et maîtriser un affrontement collectif ou interindividuel pour gagner » signifie tout simplement jouer au badminton, au tennis de table, faire de la boxe française, du judo, du basket-ball ou encore du football, du handball, du rugby et du volley-ball ;
- enfin « réaliser et orienter son activité physique pour développer ses ressources et s'entretenir » c'est de la course en durée, de la musculation, de la natation en durée, du step ou du yoga.

Des APSA particulières. Chaque académie peut proposer une offre supplémentaire de cinq activités physiques sportives et artistiques maximum qu'elle « réfère aux différents champs d'apprentissage ». En Polynésie les candidats, essentiellement les candidates, peuvent ainsi passer une épreuve de danse traditionnelle. Le surf est courant en Aquitaine. Il peut même y avoir une « APSA d'établissement ». ■

Le programme de sciences économiques et sociales de seconde

Dans le cadre des enseignements communs de classe de seconde, les élèves en sciences économiques et sociales (SES) sont initiés aux principales étapes d'une démarche scientifique en sciences sociales : formulation d'hypothèses, réalisation d'enquêtes ou construction de modèles, confrontation aux faits, conclusion. Ils sont familiarisés avec une démarche articulant modélisation et investigations empiriques et permettant de porter un regard rigoureux sur le monde économique et social. Ils ne « confondent pas la construction de modèles avec une idéalisation normative ». Ils sont sensibilisés aux spécificités disciplinaires de l'économie, de la sociologie et de la science politique ainsi qu'à la possibilité de croiser les regards de ces trois disciplines sur un thème identifié. Les professeurs donnent du sens aux apprentissages en « montrant comment les sciences sociales permettent d'éclairer des situations concrètes ».
Au programme :

- « Comment les économistes, les sociologues et les politistes raisonnent-ils et travaillent-ils ? »
- Science économique : « comment crée-t-on des richesses et comment les mesure-t-on ? », « comment se forment les prix sur un marché ? »
- Sociologie et science politique « comment devenons-nous des acteurs sociaux ? », « comment s'organise la vie politique ? »
- Regards croisés : « quelles relations entre le diplôme, l'emploi et le salaire ? »

Le programme de sciences numériques et technologie de seconde

L'enseignement de sciences numériques et technologie en classe de seconde a pour objet de permettre d'appréhender les principaux concepts des sciences numériques, mais également de « permettre aux élèves, à partir d'un objet technologique, de comprendre le poids croissant du numérique et les enjeux qui en découlent ». Une coordination avec le cours de mathématiques est nécessaire pour déterminer à quel moment des éléments de programmation peuvent être utilisés en sciences numériques et technologie.

Au programme :

- « Internet » : les algorithmes et les programmes, impacts sur les pratiques humaines, etc.
- « Le Web » : normalisation de la présentation de l'information, moteurs de recherche, etc.
- « Les réseaux sociaux » : les données et l'information, impacts sur les pratiques humaines, etc.
- « Les données structurées et leur traitement » : les machines, les algorithmes et les programmes, etc.
- « Localisation, cartographie et mobilité » : les données et l'information, les machines, etc.
- « Informatique embarquée et objets connectés »
- « La photographie numérique »

LES OPTIONS DE SECONDE

En plus de leur tronc commun les élèves sont appelés à choisir des enseignement optionnels : « général » ou « technologique ». Ce n'est pas un choix anodin. Son appellation même montre qu'il préfigure celui de première entre les deux filières. C'est aussi le temps d'abandonner certains enseignements. Jusqu'ici l'enseignement du latin était par exemple suivi par 4,9 % des élèves en seconde générale et technologique contre 14,3 % en troisième. En revanche la part des hellénistes croît légèrement entre le collège (0,7 %) et le lycée (1,1 %).

Les élèves doivent choisir un « enseignement général » au maximum parmi :

- arts : arts plastiques, cinéma-audiovisuel, danse, histoire des arts, musique, théâtre (3 heures);
- arts du cirque (6 heures);
- écologie-agronomie-territoires-développement durable : enseignements assurés uniquement dans les lycées d'enseignement général et technologique agricole (3 heures);
- éducation physique et sportive (3 heures);

... /...

– langues et cultures de l'Antiquité : latin ou grec. Les enseignements optionnels de latin et grec peuvent être choisis en plus des enseignements optionnels suivis par ailleurs (3 heures);
– langue vivante C.

Les élèves doivent choisir un « enseignement technologique » au maximum parmi :
– atelier artistique (72 heures par an);
– biotechnologies (1 heure 30);
– création et culture – design (6 heures);
– création et innovation technologiques (1 heure 30);
– hippologie et équitation ou autres pratiques sportives : enseignements assurés uniquement dans les lycées d'enseignement général et technologique agricole (3 heures);
– management et gestion (1 heure 30);
– pratiques professionnelles : enseignements assurés uniquement dans les lycées d'enseignement général et technologique agricole (3 heures);
– pratiques sociales et culturelles (3 heures);
– santé et social (1 heure 30);
– sciences de l'ingénieur (1 heure 30);
– sciences et laboratoire (1 heure 30). ■

Les programmes du « tronc commun » de première : que faut-il retenir ?

En première comme en terminale l'enseignement de la voie générale du lycée est composé de cinq grandes matières (16 heures d'enseignement en première, 15 heures 30 en terminale) couplé à 12 heures d'enseignement de spécialités (trois spécialités en première mais seulement deux en terminale).
Le « tronc commun » d'enseignement du lycée en première représente 16 heures par semaine d'enseignement composées de :

Langues vivantes A et B : 4 heures 30
Français : 4 heures
Histoire-géographie : 3 heures
Enseignement scientifique : 2 heures
Enseignement moral et civique : 30 minutes
Éducation physique et sportive : 2 heures

En plus de leur tronc commun les élèves sont appelés à choisir un enseignement optionnel de trois heures par semaine parmi :
- arts ;
- éducation physique et sportive ;
- littérature-langues et cultures de l'Antiquité ;
- langue vivante C.

Et trois spécialités de 4 heures chacune.

Nous vous livrons ci-dessous les programmes de première publiés début 2019. Nous vous proposons de retrouver un résumé de ceux de terminale en annexe à la fin de ce livre.

Le programme de français de première

Dans la continuité de la classe de seconde, l'enseignement du français en première a pour finalités « d'élargir et d'approfondir

chez les élèves la connaissance et le goût de la langue et de la littérature, de poursuivre la construction et l'appropriation personnelle d'une culture littéraire, ainsi que l'acquisition des capacités d'expression, d'analyse, d'interprétation et de réflexion qu'évaluent en fin d'année scolaire les épreuves anticipées de français».
Le programme fixe quatre objets d'étude – la poésie, le roman et le récit, le théâtre et la littérature d'idées – auxquels sont associés une œuvre (ou une section substantielle et cohérente d'une œuvre) et un parcours permettant de la situer dans son contexte historique et générique.
Sont étudiées en tout douze œuvres obligatoires issues de :

- La poésie du XIXe au XXIe siècle : Victor Hugo, *Les Contemplations*, livres I à IV / parcours : Les Mémoires d'une âme; Charles Baudelaire, *Les Fleurs du Mal* / parcours : Alchimie poétique : la boue et l'or; Guillaume Apollinaire, *Alcools* / parcours : Modernité poétique?
- La littérature d'idées et la presse du XVIe siècle au XXIe siècle : Montaigne, *Essais*, «Des Cannibales», I, 31; «Des Coches», III, 6 [translation en français moderne autorisée] / parcours : Notre monde vient d'en trouver un autre; Jean de La Fontaine, *Fables* (livres VII à XI) / parcours : Imagination et pensée au XVIIe siècle; Montesquieu, *Lettres persanes* / parcours : Le regard éloigné.
- Le roman et le récit du Moyen Âge au XXIe siècle : Madame de Lafayette, *La Princesse de Clèves* / parcours : individu, morale et société; Stendhal, *Le Rouge et le Noir* / parcours : Le personnage de roman, esthétiques et valeurs; Marguerite Yourcenar : *Mémoires d'Hadrien* / parcours : Soi-même comme un autre.
- Le théâtre du XVIIe siècle au XXIe siècle : Jean Racine, *Phèdre* / parcours : Passion et tragédie; Beaumarchais, *Le Mariage de Figaro* / parcours : La comédie du valet; Samuel Beckett, *Oh Les Beaux Jours* / parcours : Un théâtre de la condition humaine.

Le programme d'histoire-géographie en première générale

Le programme d'histoire de première s'intitule «Nations, empires, nationalités (de 1789 aux lendemains de la Première Guerre mondiale)». Il suit le fil directeur de l'évolution politique et sociale de la France et de l'Europe durant « le long XIXe siècle » qui s'étend de 1789 à la Première Guerre mondiale : « Avec la Révolution française surgit une nouvelle conception de la nation reposant sur la citoyenneté, tandis que la France s'engage dans la longue recherche d'un régime politique stable. » Les quatre grandes thématiques sont :

- L'Europe face aux révolutions (11-13 heures).
- La France dans l'Europe des nationalités : politique et société (1848-1871) (11-13 heures).
- La Troisième République avant 1914 : un régime politique, un empire colonial (11-13 heures).
- La Première Guerre mondiale : le « suicide de l'Europe et la fin des empires européens » (11-13 heures).

Le programme de géographie de première, intitulé « Les dynamiques d'un monde en recomposition », fait quant à lui « ressortir la complexité de ces processus de réorganisation des espaces de vie et de production ». Ces recompositions peuvent être observées à travers le poids croissant des villes et des métropoles dans le fonctionnement des sociétés et l'organisation des territoires. Les quatre grandes thématiques sont :

- La métropolisation : un processus mondial différencié (12-14 heures).
- Une diversification des espaces et des acteurs de la production (12-14 heures).
- Les espaces ruraux : multifonctionnalité ou fragmentation ? (12-14 heures).
- La Chine : des recompositions spatiales multiples (8-10 heures).

Le programme d'enseignement scientifique de première

Le but essentiel de l'enseignement scientifique est de dispenser une formation scientifique générale pour tous les élèves, tout en offrant un point d'appui pour ceux qui poursuivent et veulent poursuivre des études scientifiques. Il ne « vise pas à construire un savoir encyclopédique mais plutôt à atteindre trois buts intimement liés » :

- contribuer à faire de chaque élève une personne lucide, consciente de ce qu'elle est, de ce qu'est le monde et de ce qu'est sa relation au monde;
- contribuer à faire de chaque élève un citoyen ou une citoyenne responsable, qui connaît les conséquences de ses actions sur le monde et dispose des outils nécessaires pour les contrôler;
- contribuer au développement en chaque élève d'un esprit rationnel, autonome et éclairé, capable d'exercer une analyse critique face aux fausses informations et aux rumeurs.

À la question : « Fait-on encore des mathématiques de manière obligatoire en première et terminale? » les auteurs du programme rappellent qu'il « offre de nombreuses occasions de confronter les élèves à une pratique effective des mathématiques dans des contextes issus d'autres disciplines ».
Au programme :

- Une longue histoire de la matière. Sous-parties : des édifices ordonnés : les cristaux; une structure complexe : la cellule vivante.
- Le Soleil, notre source d'énergie. Sous-parties : le rayonnement solaire; le bilan radiatif terrestre; une conversion biologique de l'énergie solaire : la photosynthèse; le bilan thermique du corps humain.
- La Terre, un astre singulier. Sous-parties : la forme de la Terre; l'histoire de l'âge de la Terre; la Terre dans l'univers.
- Son et musique, porteurs d'information. Sous-parties : le son, phénomène vibratoire; la musique ou l'art de faire entendre les nombres; le son, une information à coder; entendre la musique.
- Projet expérimental et numérique dont l'objectif est de confronter les élèves à la pratique d'une démarche scientifique expérimentale, de l'utilisation de matériels (capteurs et logiciels) à l'analyse critique des résultats.

La terminale : l'heure de l'orientation

En limitant le nombre d'épreuves terminales au profit du contrôle continu, les concepteurs du nouveau bac entendent donner plus de temps aux lycéens pour réfléchir à leur orientation. C'est dire si l'année de terminale évolue vers une année d'orientation. Une option de terminale comme « mathématiques expertes » ne sert d'ailleurs qu'à préparer son orientation puisqu'elle n'est pas évaluée lors du bac. C'est le symbole d'une année de terminale qui devient plus que jamais « l'année de l'orientation dans l'enseignement supérieur » et plus cette « année du bac » qu'elle a toujours été.

Le tronc commun de terminale comprend 15 heures 30 d'enseignements par semaine répartis en :

Langues vivantes A et B : 4 heures
Philosophie : 4 heures
Histoire-géographie : 3 heures
Enseignement scientifique : 2 heures
Enseignement moral et civique : 30 minutes
Éducation physique et sportive : 2 heures

S'y ajoutent les même options qu'en première (arts, éducation physique et sportive, littérature-langues et cultures de l'Antiquité, langue vivante C) mais aussi trois nouvelles : mathématiques expertes, mathématiques complémentaires, droit et grands enjeux du monde contemporain.

Voir annexe page 179

PARTIE 3

BAC GÉNÉRAL : CHOISIR SES SPÉCIALITÉS

En première générale, le lycéen aura choisi trois enseignements de spécialité et il en poursuivra deux en classe de terminale. Pour éviter de scléroser les filières, les ministères de l'Enseignement supérieur, de la Recherche et de l'Innovation et le ministère de l'Éducation nationale et de la Jeunesse et des Sports ont fait signer une charte en ce sens pour les perspectives d'orientation vers l'enseignement supérieur aux principaux acteurs de l'enseignement supérieur. Conférence des présidents d'université (CPU), Conférence des Grandes écoles (CGE), Conférence des directeurs des écoles françaises d'ingénieurs (Cdefi) et Association des proviseurs de lycées à classes préparatoires aux Grandes écoles (APLCPGE) ont

Sommaire

ainsi acté leur volonté de ne pas privilégier telle ou telle combinaison de spécialités pour recruter les futurs bacheliers issus de la réforme à partir de 2021.
Mais qui croit vraiment qu'on pourra intégrer une école d'ingénieurs sans un très bon niveau en maths ? Tous s'interrogent : « En quoi nos choix vont-ils influer les choix des filières dans l'enseignement supérieur ? » Même question du côté des établissements postbac : « Qu'attendons-nous de nos futurs étudiants ? » Les directeurs d'IUT sont ceux qui sont allés le plus loin dans la démarche : pour chacun de leurs DUT/BUT, ils ont défini quels étaient les enseignements de spécialité « très adaptés », « adaptés » et « complémentaires ». Comme eux, l'ensemble des filières réfléchit à informer les futurs bacheliers, sans pour autant les enfermer dans un seul choix de spécialités. Casse-tête pour des lycéens – et des parents – qui attendent des réponses précises…
Pour chaque choix nous détaillons ensuite la voie idéale et la voie médiane en partant du principe que les deux spécialités de terminale ont également été choisies en première.

Les spécialités à la loupe

En première, les élèves de la série générale choisissent trois enseignements de spécialité puis deux en terminale dans une logique de choix resserré. Si sept spécialités sont implantées dans la très grande majorité des lycées (mathématiques, physique-chimie, sciences de la vie et de la Terre, sciences économiques et sociales, histoire-géographie-géopolitique et sciences politiques, humanités-littérature-philosophie, langues-littératures et cultures étrangères), cinq font seulement « l'objet d'implantations académiques par bassin de formation » : littérature-langues et cultures de l'Antiquité, numérique et sciences informatiques, arts, sciences de l'ingénieur, biologie-écologie (uniquement dans les lycées agricoles). Afin de « revitaliser les établissements éloignés ou moins attractifs, certains enseignements de spécialité, moins courants ou très demandés, y seront installés » a promis le ministère de l'Éducation.
En tout, ces spécialités représentent 12 heures de cours : de 4 heures en première, les enseignements passent en effet à 6 heures en terminale. En théorie, il n'est pas impossible de choisir une spécialité de terminale qui ne fasse pas partie des trois de première. Les 54 heures consacrées à l'orientation en seconde seront un moment privilégié pour faire son choix.

Arts

La spécialité « arts » est déclinée en sept sous-spécialités dont « arts du cirque » qui bénéficie seule et dès la première de 6 heures de cours par semaine. Les autres spécialités sont : « arts plastiques », « cinéma-audiovisuel », « danse », « histoire des arts », « musique » et « théâtre »

Arts du cirque. L'enseignement de spécialité « arts du cirque » articule la pratique approfondie des disciplines de cirque, le développement d'une créativité sensible et la construction d'une culture essentielle pour l'analyse critique des œuvres circassiennes. Cet enseignement vise la réalisation d'une prestation personnelle, réfléchie et enrichie de références. Guidé par une équipe pédagogique pluridisciplinaire et des partenaires professionnels du cirque, le lycéen construit son propre terrain de recherche et d'expérimentation. Par la pratique d'au moins une discipline du répertoire et par l'étude des arts du cirque dans le temps et dans l'espace, le lycéen prend conscience de son rapport à l'autre, à l'espace et au monde, et participe à la construction de son projet personnel.

Arts plastiques. L'enseignement de spécialité « arts plastiques » associe l'exercice d'une pratique plastique et la construction d'une culture artistique diverse. Fondé sur la création artistique, il met en relation les formes contemporaines avec celles léguées par l'histoire de l'art. Il couvre l'ensemble des domaines où s'inventent et se questionnent les formes : dessin, peinture, sculpture, photographie, architecture, création numérique, nouvelles attitudes des artistes, nouvelles modalités de production des images. Prenant en compte cette pluralité de domaines et d'esthétiques, de langages et de moyens, de processus et de pratiques, il permet au lycéen de découvrir la diversité des œuvres, des démarches artistiques, de leurs présentations et de leurs réceptions. Il l'inscrit dans une dynamique d'expérimentation et d'exploration, de recherche et d'invention, d'encouragement aux projets individuels et collectifs, de rencontres sensibles avec la création artistique et de réflexion sur l'art.

Cinéma-audiovisuel. L'enseignement de spécialité « cinéma-audiovisuel » propose aux lycéens une formation aux formes les plus larges de la création en images et en sons, à partir d'approches historiques, stylistiques, techniques et sociologiques. Cet enseignement repose également sur la pratique de l'écriture, de la mise en scène, de la captation et du montage, et sur la découverte des techniques, des métiers et des contraintes économiques liées aux objets de grande diffusion (films, séries, vidéos diffusées sur Internet, jeux vidéo, etc.). En classe de première, l'attention se porte particulièrement sur le statut de l'auteur : comment un style et un propos peuvent-ils se développer dans les contraintes multiples du système de production ? Comment le projet d'un réalisateur peut-il émerger d'un processus collectif porté tant par une équipe artistique que par une équipe technique ?

Danse. L'enseignement de spécialité « danse » associe l'acquisition d'une culture artistique vivante et ambitieuse et la pratique artistique qui amène l'élève à conduire un travail chorégraphique personnel. Grâce au partenariat avec les structures culturelles, l'élève rencontre des artistes et leurs œuvres ; il approfondit ainsi son questionnement sur l'art chorégraphique et apprend à porter un regard éclairé et critique sur la pluralité des pratiques dansées. Il développe enfin des connaissances et des compétences propres au champ chorégraphique, en prenant appui sur d'autres champs disciplinaires et d'autres domaines de la pensée et des arts.

Histoire des arts. L'enseignement de spécialité « histoire des arts » propose aux lycéens un panorama des formes de création artistique et s'attache à étudier leur contexte de création, quelles que soient leur époque et leur origine géographique. Cet enseignement a pour objectif de dispenser des clefs d'analyse pour l'approche et la compréhension des arts plastiques, de la musique, des arts du spectacle, du cinéma, de l'architecture, etc. Il offre également une initiation aux pratiques culturelles en confrontant les lycéens aux œuvres grâce à des visites de différentes institutions culturelles. En classe de première, l'enseignement est centré sur les modalités de création d'une œuvre : les techniques, l'artiste, le public et ses attentes ; le contexte politique, économique, social et artistique ; la popularité et la postérité de l'œuvre au fil du temps.

Musique. L'enseignement de spécialité « musique » (classe de première) développe les compétences fondamentales nécessaires à l'expression musicale individuelle et collective. Les lycéens acquièrent une culture musicale large et approfondie forgée par l'écoute, l'analyse et l'interprétation d'un grand nombre d'œuvres. Ils réalisent des projets musicaux et développent ainsi leur réflexion sur les pratiques musicales et sur les fonctions assumées par la musique, hier et aujourd'hui, en France et ailleurs. Ils construisent également des compétences transversales liées, entre autres, à la réalisation de travaux en groupe ou à la présentation de travaux devant un public.

Théâtre. L'enseignement de spécialité « théâtre » propose d'associer une pratique de jeu et une expérience de spectateur, approfondies par la découverte de nombreux spectacles et la construction d'une culture théâtrale. Cet enseignement permet l'acquisition du vocabulaire d'analyse essentiel pour comprendre les choix opérés pour la création d'un spectacle et de connaissances historiques, par l'étude de plusieurs grandes époques de développement de l'art théâtral, y compris dans des traditions non occidentales. Au-delà de l'adaptation d'un texte à la scène, l'élève s'interroge sur ce qui constitue et caractérise un spectacle, ainsi que sur la relation entre ce spectacle et ses spectateurs. Il découvre et expérimente, par une pratique de mise en scène, toutes les composantes techniques du théâtre.

Histoire-géographie-géopolitique et sciences politiques

L'enseignement de spécialité « histoire-géographie-géopolitique et sciences politiques » donne aux élèves « des clefs de compréhension du monde passé et contemporain sur le plan des relations sociales, politiques, économiques et culturelles ». Chaque thème est l'occasion d'une observation du monde actuel, mais également d'un approfondissement historique et géographique permettant de mesurer les influences et les évolutions d'une question politique. L'analyse, adossée à une réflexion sur les relations internationales, entend développer le sens critique des lycéens, ainsi que leur maîtrise des méthodes et de connaissances approfondies dans différentes disciplines ici conjuguées. L'enseignement propose en outre un traitement politique, aux échelles nationale et internationale, de grandes questions à dimension historique. À ce titre, il s'articule avec le programme de l'enseignement de spécialité de sciences économiques et sociales.
« Il y a vingt ans la géopolitique était un sujet émergent. Aujourd'hui elle est une partie intégrante de l'enseignement. La grande bascule géopolitique à laquelle nous assistons, avec le retour des rapports de force et la montée en puissance des États-continents, interpelle toutes les démocraties. Il y a une vraie quête de compréhension chez tous les citoyens, une vraie demande pour des explications que les élites politiques ne parviennent plus toujours à fournir. Une partie de l'insatisfaction des citoyens vient de cette

frustration », analyse le président de la Fondation Robert-Schuman, Jean-Dominique Giuliani.
L'année de première est principalement consacrée à l'acquisition des notions centrales de chacune des disciplines représentées pour l'étude d'objets communs. En terminale, les notions étudiées en première sont approfondies pour aborder des questions plus complexes aux enjeux multiples, afin « d'affiner les capacités d'analyse et la maîtrise des savoirs et des compétences nécessaires à la réussite dans l'enseignement supérieur ».
Cinq grands thèmes sont abordés en première sous l'intitulé « Acquérir des clefs de compréhension du monde contemporain » :

- Comprendre un régime politique : la démocratie (24-25 heures).
- Analyser les dynamiques des puissances internationales (24-25 heures).
- Étudier les divisions politiques du monde : les frontières (24-25 heures).
- S'informer : un regard critique sur les sources et modes de communication (24-25 heures).
- Analyser les relations entre États et religions (24-25 heures).

Humanités-littérature-philosophie

L'enseignement de spécialité « humanités-littérature-philosophie » vise à procurer aux élèves de première et de terminale une « solide formation générale dans le domaine des lettres, de la philosophie et des sciences humaines ». Elle propose l'étude de la littérature et de la philosophie de toutes les époques par la lecture et la découverte de nombreux textes afin d'affiner la pensée et de développer la culture du lycéen. Elle s'appuie sur plusieurs grandes questions qui accompagnent l'humanité, depuis l'Antiquité jusqu'à nos jours : comment utiliser les mots, la parole et l'écriture? Comment se représenter le monde, celui dans lequel on vit et ceux dans lesquels ont vécu et vivent d'autres hommes et femmes? Cet enseignement développe ainsi la capacité du lycéen à analyser des points de vue, à formuler une réflexion personnelle argumentée et à débattre sur des questions qui relèvent des enjeux majeurs de l'humanité.
Pour chaque semestre, l'intitulé général se décline en trois entrées qui correspondent à une grande subdivision de la thématique

considérée (aucune de ces entrées n'est spécifiquement « littéraire » ou « philosophique ») :

- **Première, semestre 1** : « Les pouvoirs de la parole » de l'Antiquité à l'Âge classique (l'art de la parole; l'autorité de la parole; les séductions de la parole).
- **Première, semestre 2** : « Les représentations du monde » à la Renaissance, l'Âge classique et aux Lumières (découverte du monde et pluralité des cultures; décrire, figurer, imaginer; l'homme et l'animal).
- **Terminale, semestre 1** : « La recherche de soi » du romantisme au XXe siècle (éducation, transmission et émancipation; les expressions de la sensibilité; les métamorphoses du moi).
- **Terminale, semestre 2** : « L'Humanité en question » dans la période contemporaine XXe-XXIe siècles (création, continuités et ruptures; histoire et violence; l'humain et ses limites).

Langues-littératures et cultures étrangères

L'enseignement de spécialité langues-littératures et cultures étrangères (classe de première) s'adresse à tous les lycéens souhaitant consolider leur maîtrise d'une langue vivante étrangère (l'allemand, l'anglais, l'espagnol ou l'italien) à un niveau d'utilisateur expérimenté. Il vise à faire acquérir une culture approfondie et diverse relative à la langue étudiée. Il prépare à l'enseignement supérieur mais ne vise pas les mêmes objectifs qu'un enseignement universitaire : il s'adresse aux futurs spécialistes mais pas à eux seuls. Il cherche à augmenter l'exposition des élèves à la langue étudiée afin qu'ils parviennent progressivement à une maîtrise assurée de la langue et à une compréhension de la culture associée.
En s'appuyant sur des supports variés et authentiques (œuvres littéraires, articles de presse, films, documents iconographiques, documents numériques, etc.), les élèves sont amenés à découvrir la spécificité de la culture propre à la langue étudiée, les œuvres patrimoniales majeures qui la constituent mais aussi les grandes questions qui traversent l'actualité des pays concernés ou qui ont forgé leur histoire.

Les contenus culturels et littéraires sont déclinés en cinq thématiques (deux pour la classe de première, trois pour la classe de terminale), elles-mêmes subdivisées en axes d'étude selon les spécificités propres à chaque langue.

Littérature-langues et cultures de l'Antiquité

La spécialité « littérature-langues et cultures de l'Antiquité » propose d'étudier de manière approfondie la langue, la littérature, l'histoire et les civilisations grecque et romaine en les mettant constamment en regard avec notre monde contemporain. Cette spécialité se fonde sur la lecture et la découverte de nombreux textes, en langue ancienne et en traduction, qui servent de supports à l'apprentissage du latin ou du grec. Le thème central – « vivre dans la cité » – est décliné à travers l'étude des rapports entre hommes et femmes, des formes de la justice et de la place des dieux. En revisitant ainsi les modes de vie et de pensée des Anciens à la lumière de la modernité, l'élève en perçoit autant la singularité que la proximité. Il enrichit sa réflexion sur les sociétés antiques et contemporaines et acquiert une culture riche et diverse. La traduction est au cœur de ces programmes.
En première, l'approche tourne autour d'un questionnement sur la cité, le politique et le sacré, l'individu en société dans toutes les formes de relations, privées et publiques. En terminale, l'approche humaniste s'élargit aux interrogations philosophiques, scientifiques et religieuses portant sur la place de l'Homme dans l'univers. Elles invitent à une « réflexion sur les défis de l'humanisme aujourd'hui ».

Mathématiques

L'enseignement de spécialité « mathématiques » permet aux lycéens d'explorer la puissance des mathématiques comme outil de modélisation et de représentation du monde, au travers de l'étude renforcée et approfondie des thèmes suivants : algèbre, analyse, géométrie, probabilités et statistiques, algorithmique et programmation. Cet enseignement s'ouvre à l'histoire des mathématiques

pour éclairer l'émergence et l'évolution des notions et permet aux lycéennes et aux lycéens d'accéder à un plus haut degré d'abstraction et de consolider leur maîtrise du calcul algébrique. L'utilisation de logiciels, d'outils de représentation, de simulation et de programmation favorise l'expérimentation et la mise en situation. Les interactions avec d'autres enseignements de spécialité tels que physique-chimie, sciences de la vie et de la Terre, sciences de l'ingénieur, sciences économiques et sociales sont valorisées.
Le programme s'organise en six grandes parties :

- **Algèbre.** L'objectif est que l'élève soit confronté à des systèmes discrets pour lesquels les suites numériques apparaissent comme modélisation adaptées. Elles interviennent également comme modélisations « d'évolutions à temps discret » rencontrées dans les autres disciplines : évolution ou actualisation d'un capital, évolution d'une population, décroissance radioactive. Leur étude est également l'occasion d'une sensibilisation à l'idée de limite.
- **Analyse.** Deux points fondamentaux du programme de première sont étudiés : le concept de dérivée, avec ses applications à l'étude des fonctions, et la fonction exponentielle.
- **Géométrie.** L'enseignement est organisé autour de deux objectifs : donner de nouveaux outils efficaces en vue de la résolution de problèmes géométriques, du point de vue métrique (produit scalaire) et enrichir la géométrie repérée de manière à pouvoir traiter des problèmes faisant intervenir l'orthogonalité.
- **Probabilités et statistiques.** Il s'agit d'introduire la notion de probabilité conditionnelle (sous-jacente dans toute modélisation probabiliste) et mettre en évidence la problématique de l'inversion des conditionnements; formaliser la notion d'indépendance; introduire la notion de variable aléatoire, en lien étroit avec les applications des probabilités; introduire les notions d'espérance, de variance et d'écart type d'une variable aléatoire.
- **Algorithmique et programmation.** L'enseignement de spécialité de première vise la consolidation des notions de variable, d'instruction conditionnelle et de boucle ainsi que l'utilisation des fonctions (la seule notion nouvelle est celle de « liste » qui aide à la compréhension de notions mathématiques telles

que les suites numériques, les tableaux de valeurs, les séries statistiques...).

- **Vocabulaire ensembliste et logique.** Il s'agit ici de prévoir des temps où les concepts et type de raisonnement sont étudiés après avoir été vus plusieurs fois en situation. Les notions d'ensemble, de sous-ensemble, d'appartenance et d'inclusion, de réunion, d'intersection et de complémentaire seront enseignées aux élèves.

Numérique et sciences informatiques

L'enseignement de spécialité « numérique et sciences informatiques » propose aux lycéens de découvrir des notions en lien, entre autres, avec l'histoire de l'informatique, la représentation et le traitement de données, les interactions homme-machine, les algorithmes, le langage et la programmation. Le lycéen s'y approprie des notions de programmation en les appliquant à de nombreux projets. La mise en œuvre du programme multiplie les occasions de mise en activité des lycéens, sous diverses formes qui permettent de développer des compétences transversales (autonomie, initiative, créativité, capacité à travailler en groupe, argumentation, etc.).

La spécialité se veut expérientielle. Un quart du total des heures de classe de première doit ainsi être réservé à la conception et à l'élaboration de projets conduits par des groupes de deux à quatre élèves.

Cette toute nouvelle spécialité semble avoir le vent en poupe. « Plus de la moitié des lycées pourraient l'ouvrir en première alors qu'elle devait initialement faire partie des spécialités dites rares. Reste à savoir si le vivier d'enseignants pourra suivre malgré la création de diplômes d'université dans l'ensemble des académies pour conduire des formations accélérées en fin d'année scolaire », note le président de l'UPS, Mickaël Prost.

Le programme est organisé autour de six rubriques :

- Histoire de l'informatique.
- Représentation des données : types et valeurs de base.

- Représentation des données : types construits, traitement de données en tables.
- Interactions entre l'homme et la machine sur le Web.
- Architectures matérielles et systèmes d'exploitation.
- Langages et programmation, algorithmique.

Physique-chimie

L'enseignement de spécialité « physique-chimie » propose aux lycéens d'explorer le réel, du microscopique au macroscopique, en étudiant l'organisation et les transformations de la matière, le mouvement et les interactions, les conversions et transferts d'énergie, les ondes et signaux. Cet enseignement promeut une alliance équilibrée entre deux aspects fondateurs de la discipline : l'expérimentation et la modélisation, qui conduisent conjointement à la formulation mathématique de lois physiques validées. Les nombreux domaines d'application tant de la vie courante que liés aux grands enjeux sociétaux (énergie, environnement) donnent à l'élève une image concrète, vivante et actuelle de la physique et de la chimie.
Le programme de première est structuré autour de quatre thèmes :

- Constitution et transformations de la matière.
- Mouvement et interactions.
- Énergie : conversions et transferts.
- Ondes et signaux.

Sciences de l'ingénieur

L'enseignement de spécialité « sciences de l'ingénieur » propose aux lycéens de découvrir les notions scientifiques et technologiques au travers de trois grandes thématiques :

- Les territoires et les produits intelligents, la mobilité des personnes et des biens.
- L'humain assisté, réparé, augmenté.
- L'éco-design et le prototypage de produits innovants.

Cet enseignement « développe chez l'élève ses capacités d'observation, d'élaboration d'hypothèses, de modélisation, d'analyse critique afin de mieux comprendre la démarche de l'ingénieur ».
L'enseignement des sciences de l'ingénieur s'articule avec les apports des autres enseignements scientifiques du cycle terminal.
Le programme introduit la démarche d'ingénierie design de produits innovants qui sollicite la créativité des lycéens, notamment au moment de l'élaboration d'un projet. Ce dernier permet aux lycéens de développer leur capacité à innover, à imaginer et matérialiser une solution à un type de problématique rencontré par un ingénieur.
Au cours de la classe de première, un projet de 12 heures mené en équipe permet ainsi aux élèves d'imaginer et de matérialiser tout ou partie d'une solution originale. Ce projet peut être commun à toutes les équipes d'une même classe ou d'un établissement sous la forme d'un défi.
En classe de terminale, c'est un projet de 48 heures, également conduit en équipe, qui est proposé à tous les élèves. L'objectif est « d'imaginer tout ou partie d'un produit, développé sous forme de réalisations numérique et matérielle en vue de répondre à un besoin et d'obtenir des performances clairement définies ».

Sciences économiques et sociales

L'enseignement de spécialité de « sciences économiques et sociales » renforce et approfondit la maîtrise par les lycéens des concepts, méthodes et problématiques essentiels de la science économique, de la sociologie et de la science politique. Le programme fixe des « objectifs d'apprentissage ambitieux qui ne peuvent être atteints que grâce à des dispositifs qui engagent les élèves dans une activité intellectuelle véritable ». Il éclaire les grands enjeux économiques, sociaux et politiques des sociétés contemporaines. En renforçant les approches microéconomiques nécessaires pour comprendre les fondamentaux de l'économie et en proposant une approche pluridisciplinaire qui s'appuie notamment sur les sciences sociales, cet enseignement contribue à l'amélioration de la culture économique et sociologique des lycéens.

Sciences de la vie et de la Terre

L'enseignement de spécialité « sciences de la vie et de la Terre » propose aux lycéens d'approfondir des notions en lien avec trois grands thèmes :

- La Terre, la vie et l'organisation du vivant.
- Les enjeux planétaires contemporains.
- Le corps humain et la santé.

Le programme entend développer chez le lycéen des compétences fondamentales telles que l'observation, l'expérimentation, la modélisation, l'analyse, l'argumentation, etc., « indispensables à la poursuite d'études dans l'enseignement supérieur ». Cette spécialité propose également à l'élève une meilleure compréhension du fonctionnement de son organisme, une approche réfléchie des enjeux de santé publique et une réflexion éthique et civique sur la société et l'environnement. La spécialité « sciences de la vie et de la Terre » s'appuie sur des connaissances de physique-chimie, mathématiques et informatiques acquises lors des précédentes années et les remobilise dans des contextes où l'élève en découvre d'autres applications.

Comment choisir ses spécialités ?

Trois en première, deux en terminale, le choix des spécialités du bac général est crucial pour préparer son orientation dans l'enseignement supérieur. Si on peut imaginer que les élèves choisiront une spécialité « passion » en première, en terminale ils vont devoir se concentrer sur leur projet en abandonnant la moins essentielle. « Parmi les 52 % d'élèves aujourd'hui en filière S combien sont-ils inscrits dans cette série alors qu'ils n'ont aucune intention de faire des études scientifiques ensuite ? Ma conviction est que le choix de spécialité doit d'abord relever de l'intérêt beaucoup plus que de l'utilitarisme », soutient Pierre Mathiot. « Mon conseil aux lycéens est de réfléchir à ce qu'ils aiment vraiment faire et de ne pas entrer dans une mécanique où telle filière serait la seule à permettre d'intégrer telle formation. Ils peuvent réfléchir de façon très ouverte», abonde Jean Bastianelli, qui n'en établit pas moins : « Pour intégrer une classe préparatoire scientifique il faut étudier les sciences mais au sens large avec aussi bien la spécialité mathématiques que physique-chimie, SVT, sciences de l'ingénieur ou encore numérique et sciences informatiques. »

Spécialités : l'enseignement supérieur va-t-il respecter une charte de « bonnes pratiques » ?

Le ministère de l'Enseignement supérieur, de la Recherche et de l'Innovation (MESRI), le ministère de l'Éducation nationale et de la Jeunesse (MENJ), la Conférence des présidents d'université (CPU), la Conférence des Grandes écoles (CGE), la Conférence des directeurs des écoles françaises d'ingénieurs (Cdefi) et l'Association des proviseurs de lycées à classes préparatoires aux Grandes écoles (APLCPGE) ont établi dans une charte, signée en janvier 2019, que « les choix des élèves ne supposent ni hiérarchisation ni parcours imposé. Ils sont construits avec bon sens et respectent leurs goûts, capacités et motivations pour des champs de connaissances qu'ils conforteront et pourront retrouver après le baccalauréat. Ils ne sont pas conditionnés pour le choix préalable d'une formation de l'enseignement supérieur ».

La charte établit également que « les compétences que l'élève aura développées en fin de lycée lui permettront de choisir, en classe de terminale, les formations postbac en lien avec le projet personnel qu'il aura approfondi et dans lesquelles il sera le plus à même de réussir au vu des attendus de l'enseignement supérieur ».

Et d'insister : « Le choix des enseignements de spécialité réalisé en classe de seconde ne constitue en aucun cas le choix d'une formation d'enseignement supérieur. Il ouvre des horizons vers un champ des possibles très large dans l'univers des formations post-baccalauréat. »

De leur côté, les établissements d'enseignement supérieur ont établi en 2018 des « attendus » pour chaque formation qu'on retrouve sur la plateforme Parcoursup. Les signataires s'engagent également à « informer les candidats que, compte tenu de l'ouverture et de la diversité des parcours que la réforme du baccalauréat garantit, les attendus ne sont pas destinés à exiger un enseignement de spécialité ou un parcours scolaire pour pouvoir entrer dans une formation d'enseignement supérieur, ni à limiter des choix ou créer de véritables conditions d'entrée dans une formation de l'enseignement supérieur ».

En revanche, ces attendus « éclairent le lycéen quant aux éléments qui favorisent sa réussite dans la formation qu'il vise et l'accompagnent dans la construction d'un parcours cohérent au regard de son projet personnel et professionnel ». À ce titre, ils « peuvent énoncer un certain nombre d'enseignements qui, s'ils ont été suivis par le lycéen au cours de son parcours scolaire, favoriseront sa réussite dans la formation choisie ».

Enfin, les établissements d'enseignement supérieur « mettent en place des dispositifs de réussite pour accompagner le parcours des lycéens motivés pour s'engager dans une voie de formation, même lorsque les études secondaires n'y conduisent pas particulièrement, et pour laquelle leur réussite ne pourra y être garantie que moyennant un soutien, notamment disciplinaire ou méthodologique ».

Pour aller plus loin

➔ Consultez toute la charte :
http://cache.media.enseignementsup-recherche.gouv.fr/file/2019/83/1/Charte_Sco-Sup_17012019_1061831.pdf

Des « attendus » qui le resteront ?

Les établissements d'enseignement supérieur ont établi dès 2018 des « attendus » pour chaque formation qu'on retrouve sur la plateforme Parcoursup et résumés dans le *Bulletin officiel* n°3 du 28 mars 2019 de l'Éducation nationale sous l'appellation « Cadre national sur les attendus des formations conduisant à un diplôme national relevant du ministère chargé de l'enseignement supérieur ». Élaborés pour être une clef de lecture des formations du supérieur qui puisse être utilisée par les proviseurs, les professeurs

principaux et l'ensemble des acteurs de l'orientation, les attendus de l'enseignement supérieur sont censés « faciliter et améliorer les échanges entre les acteurs de l'enseignement supérieur et de l'enseignement scolaire ». Ils définissent, sans lien avec telle ou telle filière d'enseignement, les connaissances et compétences nécessaires pour réussir, dans les meilleures conditions, les études post-baccalauréat que le lycéen envisage.
Développés par l'Onisep, en lien avec les ministères chargés de l'Éducation nationale et de l'enseignement supérieur, les sites Secondes-premières 2020-2021 et Horizons 21, fournissent des repères et des ressources d'information aux lycéens de seconde pour qu'ils construisent progressivement leur projet d'avenir.
Le site de l'Onisep Horizons 21 donne des pistes d'orientation selon les choix des trois spécialités de première. Nous avons par exemple choisi les spécialités « mathématiques », « sciences économiques et sociales » et « numérique et sciences informatiques ». Le site nous donne logiquement en choix préférentiel la filière « sciences économiques et de gestion » puis, en filières possibles, « sciences humaines et sociales », « informatique, mathématiques et numérique » et « sciences informatiques et industries du numérique ».

Que savent les établissements des candidats ?

S'il a été décidé d'anonymiser les profils des candidats depuis 2019 – les établissements n'ont plus accès ni au nom ni à leur adresse – ils n'en ont pas moins accès à leurs dossiers scolaires et à leur établissement d'origine. Aujourd'hui les éléments suivants sont pris en compte pour l'examen du vœu :

- les notes de première et de terminale, afin de définir les connaissances et compétences acquises ;
- le projet de formation motivé, afin d'évaluer le positionnement du candidat au regard des attendus et perspectives de la formation ;
- la « fiche avenir » permettant d'évaluer la pertinence du projet de formation souhaité par rapport au cursus suivi.

LE DÉBAT DE L'ANONYMISATION

L'anonymisation d'une partie des données des candidats sur Parcoursup a provoqué un vaste débat. « Le sujet était de répondre à une attente des familles tout en laissant aux lycées la possibilité de piloter le recrutement des lycées et notamment leur ouverture sociale. Or, dans la demande telle qu'exprimée, il y a un paradoxe : tout devrait être anonyme – alors qu'on se méfie des algorithmes. Mais anonymiser c'est justement aller vers le tout automatique ! L'anonymisation nous paraît une mesure inutile et paradoxale, mais nous pourrons évidemment fonctionner sans connaître le nom, le prénom et l'adresse des candidats », commente Jean Bastianelli. Un avis largement partagé par Mickaël Prost : « Alors que les citoyens sont méfiants quant à l'utilisation d'algorithmes, il est paradoxal d'enlever davantage d'éléments personnalisant les dossiers de candidatures. D'autant que certains établissements, notamment ceux qui recrutent sur concours, auront forcément accès à toutes les données et d'autres non. C'est un vrai problème d'équité. » Et d'asséner : « Il me semble qu'on se trompe de combat. La lettre de motivation est sans doute le plus fort marqueur social du dossier. Certains élèves – quand ce ne sont pas leurs proches – égrènent toutes leurs activités périscolaires quand d'autres ne peuvent produire que des écrits stéréotypés. » Un débat pas forcément éteint tant les tenants de l'anonymisation totale entendent un jour imposer que la mention même du lycée soit occultée. ■

Quelles spécialités pour quelle filière dans l'enseignement supérieur ?

S'il est aujourd'hui impossible de savoir quelles spécialités exactes les établissements privilégieront dans leur recrutement, il n'en est pas moins possible de définir de grands axes. Tout en sachant qu'aujourd'hui comme demain il sera toujours possible d'intégrer telle ou telle formation avec des profils atypiques.
Dans cet esprit et pour chaque grande formation postbac, nous définissons dans ce chapitre une spécialité soit « indispensable »

(impossible de postuler sans) soit « nécessaire » (on s'en passe mais cela paraît difficile) en terminale et d'autres qui sont seulement « utiles ». Cela ne signifie en rien qu'il ne faut pas choisir parmi les autres spécialités mais celles-ci seront tout simplement moins utiles à l'orientation du futur bachelier.
Dans la plupart des cas, il est impossible d'indiquer seulement trois spécialités en première et deux en terminale. Le choix ou non de la spécialité « mathématiques » est particulièrement important dans la mesure où il n'y a pas – ou peu – de mathématiques au sein du tronc commun contrairement à l'histoire, les lettres ou encore les langues.
À ces spécialités s'ajoutent des options en première et surtout en terminale trois nouvelles options qui peuvent être « utiles » comme « indispensables » selon la filière envisagée dans l'enseignement supérieur.

Pour intégrer une classe préparatoire aux Grandes écoles

Historiquement l'ensemble des classes préparatoires aux Grandes écoles (CPGE) – y compris les classes littéraires ! – recrutent prioritairement des bacheliers issus de la filière S. Il paraît donc logique que le choix de la spécialité « mathématiques » reste un prérequis indispensable pour intégrer les classes préparatoires scientifiques – c'est une évidence ! – mais aussi une grande partie des classes préparatoires économiques et commerciales et certaines classes préparatoires littéraires.
Postuler sur Parcoursup. L'admission dans la plupart des prépas se fait sur le site Parcoursup. Seules les classes préparatoires « hors contrat » avec l'État recrutent directement. En fondant leur verdict sur l'examen des bulletins de première et des deux premiers trimestres de terminale, les lycées recherchent avant tout des élèves complets. Il sera très difficile d'intégrer une très bonne classe préparatoire pour un élève uniquement excellent en mathématiques et en physique-chimie ayant totalement négligé les autres matières. Autre critère important : la régularité. Pendant deux, voire trois ans, la classe préparatoire est une course de fond et les lycées se méfient donc des profils dont les résultats

ont été inégaux. Enfin, plutôt qu'aux notes *stricto sensu*, c'est aussi le classement de l'élève dans sa classe et l'appréciation de ses professeurs qui importent aux commissions de sélection des lycées. Les notes varient en effet beaucoup d'une classe à une autre ou d'un professeur à un autre, et un lycée dans lequel se déroule la classe préparatoire préférera parfois sélectionner un élève qui a une moyenne de 13/20, mais est le premier, qu'un 16/20 seulement dixième.

Sur Parcoursup un candidat peut exprimer dix sous-vœux (donc dix établissements différents) pour une filière de CPGE, il peut donc se porter candidat sur des établissements dans toute la France sans réfléchir à des stratégies locales ou régionales, et tenter d'accéder à des lycées très sélectifs dans tout le pays. « Nos commissions de sélection ne fonctionnent pas avec des algorithmes au sens où l'entendent les familles. Rien n'est mécanique dans notre processus. Notre étude de dossier est très concrète avec l'examen de tous les éléments, y compris ceux qui ne sont pas "barémisables" : la motivation, l'orientation, le parcours, la volonté, tout le vocabulaire des appréciations des professeurs et proviseurs, ou encore avoir participé à des ateliers spécifiques, à des concours... », rappelle Jean Bastianelli. Ouverts à un recrutement national, les meilleurs lycées comme Louis-Le-Grand peuvent accueillir des candidats originaires de la France entière. « Nous faisons confiance aux équipes pédagogiques de tous les lycées dans leur capacité à évaluer les compétences et les vœux d'un élève. Si elles nous indiquent que l'élève a le niveau, nous leur faisons confiance », établit Jean Bastianelli.

RAPPEL HISTORIQUE : QUI SONT LES ÉLÈVES DE CLASSES PRÉPARATOIRES ?

Cela infirme totalement la réflexion qui sous-entendait la volonté d'anonymiser le nom des lycées dans Parcoursup. À niveau scolaire identique, un élève scolarisé dans un lycée à « niveau faible » aura plus de chances d'être admis en CPGE que celui inscrit dans un « bon » lycée, selon la note sur les déterminants de la poursuite d'études en classe préparatoire aux Grandes écoles : les enseignements de la procédure APB (dispositif qui n'existe plus) 2016. La DEPP (Direction de l'évaluation, de la prospective

... /...

et de la performance) détermine également qu'à « niveau scolaire égal, l'académie d'origine, la présence d'une CPGE dans le lycée mais aussi le sexe et l'origine sociale influencent sensiblement la décision des élèves de choisir une CPGE en premier vœu sur APB ».

Le premier choix des bons élèves. Si près de 18 % des élèves de terminale S demandent une CPGE en premier vœu, seuls 8 % des élèves de terminales ES et L classent la CPGE en premier. Toutes séries confondues, 10 % des élèves dont la moyenne au bac se situe entre 10 et 12 avaient placé une CPGE en premier vœu sur APB. Cette proportion est quatre fois plus élevée pour les élèves ayant obtenu une moyenne comprise entre 14 et 16 (mention bien) au baccalauréat. Parmi les lycéens titulaires d'une mention bien au baccalauréat, 27 % des élèves de série S ont demandé une CPGE en premier vœu contre respectivement 16 % et 17 % pour les élèves des séries ES et L.
La CPGE devient même la formation la plus demandée en premier vœu chez les élèves dont la moyenne au baccalauréat est supérieure à 18. Parmi eux, ce sont ceux de série L qui ont le plus souvent placé une CPGE en premier vœu (60 %), contre respectivement 57 % et 52 % pour les élèves des séries S et ES.

Des choix géographiques. À caractéristiques sociales (catégorie socioprofessionnelle des parents) et scolaires égales (série et résultats au bac), un lycéen inscrit dans l'académie d'une grande ville a davantage de chances de placer une CPGE. Un élève de terminale S de l'académie de Clermont-Ferrand ou de Rouen a par exemple une probabilité de demander une CPGE en premier vœu qui est inférieure de 7 points en moyenne à celle d'un élève de la même série dans l'académie de Paris. Ces différences peuvent notamment s'expliquer par l'offre de CPGE disponible dans l'académie d'origine des élèves. En effet, si les CPGE recrutent des candidats en provenance d'autres académies, deux tiers des élèves ayant placé une CPGE en premier vœu ont postulé pour un établissement de l'académie de leur lycée d'origine.

L'offre de CPGE n'est pas identique sur tout le territoire. Dans l'académie de Poitiers, on compte ainsi environ 17 élèves de terminale générale pour une place en CPGE. C'est deux fois moins dans l'académie de Toulouse (8 élèves pour 1 place), et plus de huit fois moins dans l'académie de Paris (2 élèves pour une place). À Paris, 23 % des terminales font leur premier vœu en CPGE. Ils sont 17 % à Versailles et 16 % à Nice.

… /…

À l'opposé, seuls 10% des élèves scolarisés à Poitiers, à Rouen ou à Amiens font ce choix.
La présence d'une CPGE dans l'établissement du candidat incite fortement les élèves à poursuivre en classe préparatoire. Les élèves étudiant dans les lycées qui proposent des classes préparatoires ont une probabilité plus grande de 4,5 points de demander une CPGE en premier vœu pour les lycéens en terminale scientifique. L'écart est de 3 points en terminales ES et de 2,2 points en série L.

Garçons et CSP+. Les garçons ont plus de chances de demander une CPGE en premier vœu : en terminale S, un garçon a 7 points de probabilité de plus qu'une fille – plus attirée par la PACES (récemment réformée). On retrouve le même effet pour les garçons en terminale L et ES. Ils ont une probabilité de demander une CPGE en premier vœu qui est supérieure de 1,5 et 2,4 points par rapport aux filles de la même série. Quelle que soit la série du bac, les élèves d'origine sociale favorisée ont une probabilité supérieure de 2 points de demander une CPGE en premier vœu que ceux issus d'une famille d'origine sociale modeste.

Selon le lycée... Les chances d'admission en CPGE dès le premier vœu sont beaucoup plus fortes pour les élèves inscrits en terminale dans le lycée accueillant la CPGE. Ainsi à niveau scolaire égal, un élève de terminale S fréquentant un lycée accueillant une CPGE a une probabilité d'admission dans cette CPGE supérieure de 7,8 points d'être admis dans cette CPGE. Les lycéens issus d'un lycée privé ont également moins de chance de voir leur candidature en CPGE retenue.
Surtout à niveau scolaire identique, un élève scolarisé dans un lycée à « niveau faible » aura plus de chances d'être admis en CPGE que celui inscrit dans un « bon » lycée. Les élèves de terminale S inscrits dans un lycée dont la moyenne au baccalauréat est inférieure à 12 ont une probabilité supérieure de 4,5 points d'être admis à leur premier vœu en CPGE que les élèves évoluant dans un lycée dont la moyenne au bac se situe entre 12 et 13. Selon la DEPP « ce résultat, à première vue étonnant, s'explique sans doute par le fait que si les notes sont importantes dans le choix des jurys, les appréciations portées sur les bulletins le sont également ». Ainsi un élève avec une moyenne de 12 peut avoir un dossier élogieux dans un lycée de niveau faible alors que ce même élève peut être mal classé et avec des avis moins favorables dans un lycée de bon niveau.

... /...

➔ Lors de la session 2016 d'admission-postbac 13 % des élèves avaient demandé une classe préparatoire aux Grandes écoles (CPGE) en premier vœu pour un effectif total accueilli de 43 520 élèves à la rentrée suivante. La proportion d'admis en premier vœu est plus importante pour les bacheliers L (54 %) que pour les bacheliers ES (35 %) ou S (32 %). ■

Pour intégrer une classe préparatoire scientifique

« Il faut étudier les sciences mais au sens large avec aussi bien la spécialité mathématiques que physique-chimie, SVT, sciences de l'ingénieur ou encore numérique et sciences informatiques. Si on postule à une classe préparatoire MP-SI très sélective, il ne faut pas oublier les mathématiques et la physique... Pour le reste, c'est très ouvert ! », résume Jean Bastianelli, qui insiste également sur le choix de l'option de terminale : « On peut imaginer que l'option "mathématiques expertes" sera très demandée, notamment pour des lycéens qui veulent intégrer une très bonne prépa MP-SI ou PC-SI. Si on veut suivre 14 heures de maths par semaine, mieux vaut y être préparé mais, attention, ce ne sera pas un passage obligé. »
En additionnant les heures du tronc commun et, par exemple, deux spécialités scientifiques en première il n'y aurait en définitive que 35 % des heures d'enseignement dispensées qui seraient consacrées aux sciences dans les deux dernières années de lycée. « Pour poursuivre un cursus en sciences dans l'enseignement supérieur, en particulier en CPGE, nous recommandons d'en prendre trois, dont les mathématiques et la physique-chimie qui sont incontournables », conseille de son côté Mickaël Prost. Celle-ci s'appuie sur les besoins des écoles d'ingénieurs qui émanent eux-mêmes des exigences du monde de l'industrie et de la recherche.
La réforme du lycée n'a pas vocation et ne prétend pas d'ailleurs modifier ces équilibres. Il serait en particulier peu pertinent aux yeux de la majorité des acteurs de remettre en question le modèle des ingénieurs à la française, plébiscité en France comme à l'étranger. Ce modèle s'appuie sur une formation très solide en mathématiques et en physique-chimie pour former des étudiants qui sont à la fois

des bons techniciens des sciences mais aussi des étudiants qui ont acquis une hauteur conceptuelle utile tout au long de leur vie professionnelle. « Cela amènera jusqu'à nos classes un flux très majoritaire d'élèves ayant choisi les spécialités mathématiques et physique-chimie. Mais également, en proportion plus modeste, des élèves qui auront choisi mathématiques et sciences de l'ingénieur et qui ont toute leur place en CPGE », conclut Mickaël Prost néanmoins conscient qu'il reste à organiser nos « filières pour accueillir des profils qui seront plus hétérogènes demain, en fonction des couplages choisis par les lycéens. Il faudra veiller à éviter les aspects tubulaires en ouvrant peut-être de façon plus large l'accès aux filières de deuxième année ».

Si les écoles d'ingénieur espèrent bien recevoir demain des étudiants meilleurs en sciences, elles n'en vont pas moins effectuer un vaste travail pour mettre en adéquation leurs premiers cycles en 2021 et bien recevoir les élèves issus de classes préparatoires en 2023. « Aujourd'hui nous recevons des bacheliers S bien calibrés dont beaucoup sont passés par des classes préparatoires MP, PC, BCPST, etc. Demain il faudra s'adapter à des profils un peu différents », souligne le président de la Conférence des directeurs des écoles françaises d'ingénieurs (Cdefi) et directeur de Télécom Saint-Étienne, Jacques Fayolle.

Les classes préparatoires scientifiques accueillent aujourd'hui des étudiants dans sept filières différentes en première année, dont trois technologiques, sans parler de la filière ATS accessible aux étudiants issus de BTS ou d'IUT. En tout un peu plus de 53 000 élèves, dont 70 % de garçons, à 95 % issus aujourd'hui d'un bac S pour 4 à 5 % d'un bac technologique. Si l'architecture des filières ne change pas on peut estimer ainsi les choix de spécialités les plus efficients filière par filière.

Pour intégrer une classe préparatoire MP-SI

La MP-SI est la classe préparatoire scientifique la plus orientée vers les mathématiques – et celle qui ouvre le plus de places dans les meilleures écoles d'ingénieurs – avec 10 heures de cours chaque semaine plus 2 heures de TD. S'y ajoutent 4 heures de physique (plus 2 heures de TD) et 1 heure de chimie (plus 1 heure de TD).

➔ Les spécialités indispensables : mathématiques et physique-chimie (plus l'option mathématiques expertes de terminale pour intégrer les meilleures classes préparatoires).

➔ Les spécialités utiles : numérique et sciences informatiques, sciences de l'ingénieur.

Pour intégrer une classe préparatoire PC-SI

Avec 7 heures de cours chaque semaine plus 3 heures de TD, la PC-SI est moins axée sur les mathématiques que la MP. S'y ajoutent 5 heures de physique (plus 3 heures de TD et TP) et 2 heures de chimie (plus 1 heure de TD et TP).

➔ Les spécialités indispensables en terminale : mathématiques et physique-chimie.

➔ Les spécialités utiles : numérique et sciences informatiques, sciences de l'ingénieur (l'option « mathématiques expertes » de terminale apporte un plus).

Pour intégrer une classe préparatoire PT-SI

Si les mathématiques représentent toujours la matière incontournable (six heures de cours et trois de TD) ce sont les sciences de l'ingénieur qui représentent ensuite le plus important quota d'heures : 8,30 heures par semaine dont 2 heures de cours, 4 de TD et 2,30 de TP. S'y ajoute en priorité la physique (4 heures de cours et deux de TD).

➔ Les spécialités indispensables en terminale : mathématiques et sciences de l'ingénieur.

➔ Les spécialités utiles : physique-chimie, numérique et sciences informatiques.

Pour intégrer la nouvelle classe préparatoire MPII

La filière MPII (mathématiques, physique, ingénierie et informatique) a vu le jour en septembre 2021 (première année) et en septembre 2022 (deuxième année). Elle est ouverte aux bacheliers généraux qui souhaitent recevoir un enseignement renforcé en informatique (6 h par semaine).

➔ Les spécialités indispensables en terminale : mathématiques et numérique et sciences informatiques

➔ Les spécialités utiles en première : rien de précis encore.

Pour intégrer une classe préparatoire BCPST

Si l'enseignement de la biologie et la géologie occupe autant de place que celui des mathématiques dans cette filière (8 heures dont respectivement 3 de TP et 3 de TD) il ne semble pas pour autant que le choix de la spécialité « sciences de la vie et de la Terre » soit indispensable pour l'intégrer. Dans la mesure où seules deux spécialités sont autorisées en terminale c'est en effet cette dernière qui pourrait faire les frais du choix d'élèves voulant garder le plus de possibilités d'orientation.

➔ La spécialité indispensable en terminale : mathématiques.

➔ Les spécialités utiles : sciences de la vie et de la Terre, physique-chimie.

ET LES CYCLES UNIVERSITAIRES PRÉPARATOIRES AUX GRANDES ÉCOLES ?

Il est possible de préparer son entrée dans une Grande école, essentiellement d'ingénieurs, à l'université dans le cadre des « cycles universitaires préparatoires aux Grandes écoles ». Généralement il s'agit de licences classiques auxquels sont adossés des enseignements complémentaires et des modules de préparation aux concours. Si les attentes sont globalement les mêmes

... /...

que pour la filière universitaire de base qui leur correspond, la sélection des étudiants est effectuée par un jury d'admission sur examen de dossier la « motivation et la capacité à supporter le surcroît de travail demandé sont particulièrement évaluées ». Dans ce contexte le choix de la spécialité mathématiques et de l'option « mathématiques expertes » semblent s'imposer. ■

Pour intégrer une classe préparatoire économique et commerciale

« Nous pourrions recevoir tous les candidats pour peu qu'ils aient suivi, au moins une année, une spécialité mathématiques en première et terminale » estime le président de l'APHEC (Association des professeurs des classes préparatoires économiques et commerciales), Alain Joyeux, qui insiste : « Il n'est pas envisageable d'abandonner les mathématiques dès la fin de la seconde et d'intégrer ensuite une classe préparatoire EC. Pas plus que de s'inscrire en médecine sans avoir fait des mathématiques et des SVT. »
Alain Joyeux conseille donc aux lycéens et parents qui s'interrogent en seconde de « choisir une spécialité mathématiques et d'y associer celle qu'ils préfèrent, que ce soit "histoire-géographie-géopolitique et sciences politiques", "sciences économiques et sociales" ou même "arts" ». Ce que confirme Jean Bastianelli : « Jusqu'à présent il fallait passer par un bac S pour entrer en ECS. Ce qui signifiait suivre beaucoup de cours de physique et de SVT pour des élèves dont ce n'était pas la passion. Demain le panel de spécialités sera beaucoup plus ouvert, avec le choix de spécialités comme "histoire-géographie-géopolitique et sciences politiques", "langues-littératures et cultures étrangères", "humanités-littérature-philosophie" ou encore "sciences économiques et sociales". » Et de rappeler : « Aujourd'hui nous sélectionnons en EC des bacheliers S qui ont suivi des cours de mathématiques à haute dose mais peu d'histoire-géographie et cela ne pose aucun problème. Les Grandes écoles veulent de la diversité et proposeront toujours des épreuves de maths de niveaux différents dans leurs concours. »

Car qui dit disparition des filières du bac dit aussi réforme pour les classes préparatoires économiques et commerciales et leurs 20 000 élèves (dont un peu plus de filles que de garçons). Ces classes préparatoires étaient en effet jusqu'ici fondées sur les filières du bac : « ECS » pour l'option scientifique destinée aux bacheliers S et « ECE » pour l'option économique ouverte aux ES (les L passant de leur côté par les classes préparatoires littéraires et les bacheliers technologiques par les EC technologiques qui subsistent). « Nous travaillons avec les Grandes écoles pour prendre acte qu'il n'y a plus de filières et donc une plus grande diversité de profils. Reste à trouver une formule d'enseignement adéquate pendant les prépas avec des épreuves finales possédant des coefficients différents – voire des quotas réservés – pour préserver cette diversité de profils. La réflexion et les concertations sont en cours, le ministère de l'Enseignement supérieur s'est emparé de la question : nous y travaillons ! », signifie Jean Bastianelli.

Les classes préparatoires économiques et commerciales seront donc amenées à se réinventer, notamment en fonction du niveau de mathématiques de leurs élèves. Dans un document remis au ministère de l'Enseignement supérieur, de la Recherche et de l'Innovation, Alice Guilhon, présidente de la Conférence des directeurs des écoles françaises de management (Cdefm) et directrice générale de SKEMA. Alain Joyeux insistent pour qu'on maintienne des exigences en mathématiques qui « expliquent largement la domination des Grandes écoles françaises dans les classements internationaux, notamment dans le domaine financier ».

Et d'insister : « Si d'aventure il y avait fusion pure et simple des actuelles voies ECE et ECS, nous courrions le risque d'une "moyennisation" de tous les champs disciplinaires qui se traduirait alors non seulement par une réduction du vivier de recrutement en CPGE, mais aussi par une forte baisse de l'attractivité de la filière CPGE-GE et du niveau de formation. Les mathématiques doivent être vues comme une matière fondamentale mais non exclusive. »

Dans ce schéma, souhaité aussi bien par les Grandes écoles que pas les professeurs de classes préparatoires, deux enseignements de mathématiques se côtoieraient : l'un en « mathématiques approfondies », correspondant à l'actuelle ECS, l'autre en « mathématiques appliquées » correspondant à l'actuelle ECE. Dans le document remis au MESRI précité, l'APHEC et la CGE proposent que chaque lycée soit libre de délivrer des options qui pourraient être :

- Mathématiques à niveau élevé – HGG (histoire, géographie et géopolitique du monde contemporain).
- Mathématiques à niveau élevé – ESH (économie, sociologie et histoire du monde contemporain).
- Mathématiques à niveau modéré – HGG (histoire, géographie et géopolitique du monde contemporain).
- Mathématiques à niveau modéré – ESH (économie, sociologie et histoire du monde contemporain).

Pour intégrer une future classe préparatoire ECG « mathématiques approfondies »

– HGG (histoire, géographie et géopolitique du monde contemporain)

➔ La spécialité indispensable en terminale : mathématiques (plus l'option « mathématiques expertes » de terminale pour intégrer les meilleures classes préparatoires).

➔ La spécialité utile : histoire-géographie-géopolitique et sciences politiques.

Pour intégrer une future classe préparatoire ECG « mathématiques approfondies »

– ESH (économie, sociologie et histoire du monde contemporain)

➔ La spécialité indispensable en terminale : mathématiques (plus l'option « mathématiques expertes » de terminale pour ceux qui veulent intégrer les meilleures classes préparatoires).

➔ La spécialité utile : sciences économiques et sociales.

Pour intégrer une future classe préparatoire ECG « mathématiques appliquées »

– HGG (histoire, géographie et géopolitique du monde contemporain)

➔ La spécialité indispensable en terminale : histoire-géographie-géopolitique et sciences politiques.

➔ La spécialité utile : mathématiques en première et au moins l'option « mathématiques complémentaires » de terminale.

Pour intégrer une future classe préparatoire ECG « mathématiques appliquées »

– ESH (économie, sociologie et histoire du monde contemporain)

➔ La spécialité indispensable en terminale : sciences économiques et sociales.

➔ La spécialité utile : mathématiques en première et au moins l'option « mathématiques complémentaires » de terminale.

LES CLASSES PRÉPARATOIRES À L'ENS PARIS-SACLAY ET À L'ENS RENNES

Très peu connues les classes préparatoires économiques et commerciales à l'ENS Paris-Saclay et à l'ENS Rennes ont pour objectif de préparer les élèves à l'entrée dans les départements « droit, économie, management » de l'ENS Rennes et « économie et gestion » de l'ENS Paris-Saclay (ex-ENS Cachan).

➔ Les spécialités indispensables en terminale : mathématiques (voire l'option « mathématiques expertes »), sciences économiques et sociales.

➔ Les spécialités utiles : histoire-géographie-géopolitique et sciences politiques, langues-littératures et cultures étrangères, numérique et sciences informatiques. ■

Pour intégrer une classe préparatoire ECG littéraire

Le flou le plus complet est au rendez-vous. Alors qu'elles regroupent aujourd'hui environ 12 700 élèves (dont 75 % de filles) les ambitions de ceux-ci sont aussi variables que leurs origines aujourd'hui. Schématiquement les meilleures classes, celles dont l'ambition est de conduire à une école normale quand les autres sont en fait des passerelles vers les filières littéraires de l'université, recrutent plutôt d'excellents bacheliers S quand les autres recrutent plus logiquement en L. Avec la fin des filières, les cartes sont totalement rebattues. Quelle logique y aurait-il aujourd'hui à recruter un élève ayant opté pour la spécialité « mathématiques » pour intégrer la plupart des classes préparatoires littéraires où on n'en propose absolument pas sinon en « lettres et sciences sociales » ?

S'il est particulièrement difficile d'établir un profil type de leurs futurs élèves il n'en paraît pas moins logique d'estimer que la spécialité « humanités-littérature-philosophie » sera indispensable pour les intégrer.

Pour intégrer une classe préparatoire ECG « ENS lettres » (hypokhâgne)

Cette filière est la plus importante des classes préparatoires littéraires et mène aussi bien au concours de l'ENS Paris (Ulm) qu'à celui de Lyon. Aujourd'hui les L y sont majoritaires dans la plupart des lycées.

➔ La spécialité indispensable en terminale : humanités-littérature-philosophie.

➔ Les spécialités utiles : langues-littératures et cultures étrangères, littérature-langues et cultures de l'Antiquité, arts, histoire-géographie-géopolitique et sciences politiques.

Pour intégrer une classe préparatoire ECG « Lettres Lyon »

Cette spécialité est proche dans ses attendus des hypokhâgnes mais mène essentiellement aux concours d'entrée à l'ENS Lyon et l'ENS Paris-Saclay « langues étrangères-anglais ».

➔ Les spécialités indispensables en terminale : humanités-littérature-philosophie, langues-littératures et cultures étrangères.

➔ Les spécialités utiles : littérature-langues et cultures de l'Antiquité, arts, histoire-géographie-géopolitique et sciences politiques.

Pour intégrer une classe préparatoire ECG « Lettres Ulm »

Cette filière ne concerne que ceux qui veulent approfondir leur niveau en latin et grec ancien et tenter ensuite les concours d'entrée à l'ENS Paris (Ulm) ou à l'École des chartes.

➔ Les spécialités indispensables en terminale : littérature-langues et cultures de l'Antiquité (plus l'option « langues et cultures de l'Antiquité »), humanités-littérature-philosophie.

➔ Les spécialités utiles : langues-littératures et cultures étrangères, histoire-géographie-géopolitique et sciences politiques, arts.

Pour intégrer une classe préparatoire ECG « Lettres et sciences sociales »

Cette spécialité est la moins littéraire des classes préparatoires littéraires : aujourd'hui elle n'accueille que 5 % de bacheliers L et se destine plutôt aux bacheliers S et ES. Une particularité qui augure mal de son avenir…

➔ Les spécialités indispensables en terminale : mathématiques, humanités-littérature-philosophie.

➔ Les spécialités utiles : sciences économiques, langues-littératures et cultures étrangères, littérature-langues et cultures de l'Antiquité, histoire-géographie-géopolitique et sciences politiques.

Pour intégrer une classe préparatoire ECG « Prépa Chartes »

Cette minuscule filière est réservée à ceux qui rêvent d'intégrer l'ultra sélective École des chartes. Le latin est au programme du concours d'entrée.

➔ Les spécialités indispensables en terminale : littérature-langues et cultures de l'Antiquité, humanités-littérature-philosophie.

➔ Les spécialités utiles : langues-littératures et cultures étrangères, histoire-géographie-géopolitique et sciences politiques, arts.

Pour intégrer une classe préparatoire ECG « Arts et design »

Seuls les meilleurs pourront intégrer la filière design de l'ENS Paris-Saclay à l'issue de cette classe préparatoire ultra rare.

➔ Les spécialités indispensables en terminale : arts, humanités-littérature-philosophie.

➔ Les spécialités utiles : langues-littératures et cultures étrangères, histoire-géographie-géopolitique et sciences politiques, littérature-langues et cultures de l'Antiquité.

Pour intégrer une classe préparatoire ECG « Saint-Cyr lettres »

Comme son nom l'indique cette classe préparatoire mène au concours de l'École spéciale militaire de Saint-Cyr.

➔ La spécialité indispensable en terminale : humanités-littérature-philosophie.

➔ Les spécialités utiles : littérature-langues et cultures de l'Antiquité, arts, histoire-géographie-géopolitique et sciences politiques, mathématiques (ou au moins l'option « mathématiques complémentaires » en terminale).

Pour intégrer une licence universitaire

Chaque mention de licence a défini en 2018 ses propres « attendus » au niveau national et certaines universités les ont complétés au niveau local. Sans entrer dans le détail de chacun des attendus de licence nous allons notamment ici préciser le niveau en mathématiques demandé pour les intégrer. Mais aussi les autres spécialités possibles sachant que les attendus ont été définis avant la réforme du bac et ne prennent donc pas en compte spécifiquement ces spécialités mais un niveau plus large dans chaque discipline.

Rappelons également que rien n'interdit un candidat qui ne posséderait pas ses attendus d'intégrer pour autant telle ou telle licence – toujours réputées non sélectives – mais que l'université peut en revanche instituer des périodes de « remédiation » pour permettre au candidat de rattraper le niveau nécessaire pour avoir de bonnes chances de réussite.

➔ Nous ne traitons pas ici de la mention « théologie » qui n'est dispensée que par une seule université, celle de Strasbourg.

Les licences du domaine artistique

Pour intégrer les mentions de licence « artistiques »

« Arts », « arts plastiques », « arts du spectacle », « musicologie », « il faut être « sensibilisé aux pratiques de la discipline artistique visée ».

➔ La spécialité nécessaire : selon la discipline l'une des spécialités arts.

➔ Les spécialités utiles : histoire-géographie-géopolitique et sciences politiques, humanités-littérature-philosophie, langues-littératures et cultures étrangères.

Les licences du domaine « sciences humaines et sociales »

Pour intégrer la mention de licence « administration économique et sociale »

Il faut « disposer de compétences mathématiques indispensables à la gestion et à l'économie ». Cet attendu marque l'importance, pour la filière AES, de la maîtrise des raisonnements mathématiques essentiels notamment pour appréhender les enseignements relevant de l'économie et de la gestion. Pour autant, le niveau attendu en mathématiques n'est évidemment pas aussi élevé qu'en licence d'économie et de gestion, où la proportion des enseignements fondés sur des connaissances mathématiques est plus importante.

- ➔ La spécialité nécessaire : mathématiques.
- ➔ Les spécialités utiles : histoire-géographie-géopolitique et sciences politiques, sciences économiques et sociales, langues-littératures et cultures étrangères.
- ➔ L'option de terminale « mathématiques complémentaires » peut suppléer l'absence de la spécialité « mathématiques » en terminale.

Pour intégrer la mention de licence « administration publique »

Il faut « disposer d'aptitudes à la logique et au raisonnement conceptuel et mathématique ». La formation en licence d'administration publique requiert en effet une « certaine capacité d'abstraction, de logique formelle et de déduction ». Elle propose des enseignements en économie, qui supposent une maîtrise suffisante des principaux raisonnements mathématiques. De même, il est conseillé d'être intéressé par les questions politiques, économiques et sociales et l'ouverture au monde. Préparant à l'entrée dans la fonction publique, la licence d'administration publique ne « peut être envisagée indépendamment des réalités humaines, sociales, politiques et culturelles qui caractérisent notre société».

➔ La spécialité nécessaire : mathématiques.

➔ Les spécialités utiles : sciences économiques et sociales, histoire-géographie-géopolitique et sciences politiques, humanités-littérature-philosophie, langues-littératures et cultures étrangères.

➔ L'option de terminale « mathématiques complémentaires » peut suppléer l'absence de la spécialité « mathématiques » en terminale. Sinon « droit et grands enjeux du monde contemporain » peut être utile.

Pour intégrer la mention de licence « droit »

Il faut essentiellement « savoir mobiliser des compétences d'expression écrite et orale qui témoignent de qualités rédactionnelles et oratoires ». Cet attendu marque l'importance, pour la filière juridique, de la maîtrise de la langue française, écrite et orale, par le candidat. Le droit est une discipline où les qualités oratoires (la « plaidoirie ») et les qualités rédactionnelles (rédaction de courriers, d'actes juridiques, etc.) sont fondamentales. Être ouvert au monde et disposer de connaissances linguistiques, notamment l'anglais, est également attendu. La formation en licence de droit « s'inscrit en effet nécessairement dans un contexte juridique européen et global qui implique, au cours du cursus, d'étudier d'autres systèmes juridiques que le système national, qui sont le plus souvent en langue étrangère ». Enfin, si rien n'a jamais indiqué qu'un bon niveau en mathématiques était requis pour réussir en droit, la puissance du raisonnement mathématique n'en est pas moins très utile.

➔ La spécialité nécessaire : aucune spécifiquement c'est plutôt l'option de terminale « droit et grands enjeux du monde contemporain » qui s'impose.

➔ Les spécialités utiles : histoire-géographie-géopolitique et sciences politiques, sciences économiques et sociales, humanités-littérature-philosophie, langues-littératures et cultures étrangères, littérature-langues et cultures de l'Antiquité, mathématiques.

Pour intégrer les mentions de licence « économie » et « économie et gestion »

Il faut impérativement « disposer de compétences mathématiques et statistiques indispensables à l'économie et à la gestion ». Les enseignements d'économie font en effet fréquemment appel à la modélisation mathématique afin de mieux penser les problèmes étudiés et d'analyser les résultats qui en découlent de manière logique. De plus, une grande partie des métiers de l'économie et de la gestion s'appuient sur l'analyse de données chiffrées. Il faut également maîtriser l'anglais et posséder une bonne culture générale.

➔ La spécialité indispensable en terminale : mathématiques.

➔ Les spécialités utiles : histoire-géographie-géopolitique et sciences politiques, sciences économiques et sociales, humanités-littérature-philosophie, langues-littératures et cultures étrangères, numérique et sciences informatiques.

➔ L'option de terminale « mathématiques expertes » peut être très utile.

COMMENT INTÉGRER UN IAE ?

« Écoles universitaires de management », les IAE (instituts d'administration des entreprises) ne sont plus seulement ouverts après une licence. En tout 9 des 35 IAE membres du réseau IAE-France proposent aujourd'hui des licences. Essentiellement en économie-gestion mais pas seulement. Les attendus et futurs choix de spécialités sont les mêmes que pour toutes les licences mais avec un examen du dossier encore plus rigoureux. ■

Pour intégrer la mention de licence « géographie et aménagement »

Il faut avoir un intérêt pour les « questions de société, les problématiques environnementales, l'aménagement et l'occupation des espaces ». L'intérêt pour la géographie est bien évidemment essentiel, mais la licence « géographie et aménagement » impose également, de par sa transdisciplinarité, une « curiosité pour l'environnement, l'aménagement des territoires et le lien social qui font appel à des notions relevant du droit, des sciences de la vie et de la Terre, de la sociologie et du numérique».

➔ La spécialité nécessaire : histoire-géographie-géopolitique et sciences politiques.

➔ Les spécialités utiles : sciences économiques et sociales, mathématiques, numérique et sciences informatiques, humanités-littérature-philosophie, langues-littératures et cultures étrangères, sciences de la vie et de la Terre.

➔ L'option de terminale « mathématiques complémentaires » peut être très utile. Mais également « droit et grands enjeux du monde contemporain ».

Pour intégrer la mention de licence « gestion »

Il faut en premier lieu « disposer d'un niveau de mathématiques et de raisonnement conceptuel et logique, ainsi que d'aptitudes à la compréhension, l'analyse et la synthèse ». Il faut également marquer un « intérêt pour le monde de l'entreprise et les domaines socio-économiques et managériaux ». Enfin un bon niveau de culture générale et un intérêt pour les questions sociétales sont également requis.

➔ La spécialité indispensable en terminale : mathématiques.

➔ Les spécialités utiles : histoire-géographie-géopolitique et sciences politiques, sciences économiques et sociales, humanités-littérature-philosophie, langues-littératures et cultures étrangères, numérique et sciences informatiques.

➔ L'option de terminale « mathématiques complémentaires » peut suppléer l'absence de la spécialité « mathématiques » en terminale.

Pour intégrer la mention de licence « histoire »

Il faut « faire preuve de curiosité intellectuelle et plus particulièrement pour les sciences humaines ». La licence « histoire » a en effet pour objet l'étude et la compréhension du phénomène humain, « dans toute sa richesse, sa temporalité, sa spatialité, sa diversité et sa complexité ».

➔ La spécialité nécessaire : histoire-géographie-géopolitique et sciences politiques.

➔ Les spécialités utiles : humanités-littérature-philosophie, langues-littératures et cultures étrangères, langues et cultures de l'Antiquité, sciences économiques et sociales, arts.

➔ L'option de terminale « droit et grands enjeux du monde contemporain » peut être utile.

Pour intégrer la mention de licence « histoire de l'art et archéologie »

Il paraît logique de choisir la spécialité « histoire des arts ». Seulement c'est une spécialité rare. Dans l'académie d'Orléans-Tours par exemple seulement 8 lycées sur un total de 78 la proposent. Il est à espérer que les universités considéreront ce point avant de rendre le choix de la spécialité quasi obligatoire.

➔ La spécialité nécessaire : histoire des arts.

➔ Les spécialités utiles : humanités-littérature-philosophie, langues-littérature et cultures étrangères, langues et cultures de l'Antiquité, arts.

➔ L'option de terminale « droit et grands enjeux du monde contemporain » peut être utile.

Pour intégrer la mention de licence « information-communication »

Il faut « disposer d'aptitudes dans l'appréhension des enjeux et mécanismes socio-économiques, politiques, médiatiques et culturels ». L'intérêt pour la communication et l'information est bien évidemment essentiel, mais cette mention offre une approche pluridisciplinaire et implique également une bonne culture générale dans des domaines diversifiés : histoire, géographie, sciences économiques et sociales, etc. Il faut également être intéressé par les questions de société, l'actualité et les médias, la culture, le numérique et l'information. Cet attendu impose, pour cette formation, que le candidat « ait un niveau minimum de curiosité pour la société et le monde qui l'entoure ». Cette curiosité peut être attestée par un intérêt pour les questions d'actualité, la place des médias et de la communication numérique et, enfin, l'information dans toutes ses dimensions.

➔ La spécialité nécessaire : aucune spécifiquement.

➔ Les spécialités utiles : humanités-littérature-philosophie, histoire-géographie-géopolitique et sciences politiques, littératures et cultures étrangères, littérature-langues et cultures de l'Antiquité, sciences économiques et sociales, arts.

➔ L'option de terminale « droit et grands enjeux du monde contemporain » peut être utile.

Pour intégrer la mention de licence « humanités »

Il faut « faire preuve de curiosité intellectuelle et plus particulièrement pour les sciences humaines » mais aussi « être intéressé par la démarche scientifique ». Cette mention suppose en effet la capacité à comprendre et produire des raisonnements logiques et argumentés à partir de données et de concepts issus de différentes disciplines. L'accent est ainsi mis sur la culture générale (littérature, philosophie, histoire, géographie...) mais aussi, selon les universités, à l'introduction aux domaines du droit, ainsi qu'aux théories économiques, en liaison avec les débats contemporains.

➔ La spécialité nécessaire : humanités-littérature-philosophie.

➔ Les spécialités utiles : histoire-géographie-géopolitique et sciences politiques, langues-littératures et cultures étrangères, littérature-langues et cultures de l'Antiquité, sciences économiques et sociales, arts.

➔ L'option de terminale « droit et grands enjeux du monde contemporain » peut s'avérer utile.

Pour intégrer la mention de licence « langues, littératures et civilisations étrangères et régionales »

Il convient de « disposer d'un très bon niveau rédactionnel – qui permette d'argumenter un raisonnement – et d'un très bon niveau dans au moins une langue étrangère ». Il faut également « faire preuve de curiosité intellectuelle et plus particulièrement pour les cultures étrangères (lectures, théâtre, cinéma, documentaires, visite de musées, voyages) ».

➔ La spécialité nécessaire : langues-littératures et cultures étrangères.

➔ Les spécialités utiles : humanités-littérature-philosophie, histoire-géographie-géopolitique et sciences politiques, langues et cultures de l'Antiquité, sciences économiques et sociales, arts.

Pour intégrer la mention de licence « lettres »

Il faut en priorité « disposer d'un très bon niveau rédactionnel qui permette notamment d'argumenter un raisonnement et d'analyser un texte ». Il importe également d'être « intéressé par la culture et l'histoire littéraire et artistique, ainsi que par l'étude de la langue française ». Cette formation impose en effet une connaissance de la genèse et de l'évolution des lettres françaises, avec une attention particulière pour leur dimension historique. Elle requiert également une appétence pour les textes littéraires, anciens, médiévaux et contemporains, pour le monde de l'art et pour les dimensions linguistiques de la langue.

➔ La spécialité nécessaire : humanités-littérature-philosophie.

➔ Les spécialités utiles : histoire-géographie-géopolitique et sciences politiques, langues-littératures et cultures étrangères, littérature-langues et cultures de l'Antiquité, sciences économiques et sociales, arts.

Pour intégrer la mention de licence « lettres, langues »

Il faut « faire preuve de curiosité intellectuelle et plus particulièrement pour les cultures françaises et étrangères » (lectures, théâtre, cinéma, documentaires, visite de musées, voyages). Cette mention nécessite en effet un réel intérêt pour la culture littéraire, linguistique et artistique en général, et en particulier celles de l'aire géographique de la langue choisie.

➔ Les spécialités nécessaires : humanités-littérature-philosophie et langues-littératures et cultures étrangères.

➔ Les spécialités utiles : histoire-géographie-géopolitique et sciences politiques, littérature-langues et cultures de l'Antiquité.

Pour intégrer la mention de licence « philosophie »

Il faut « disposer d'une bonne culture générale et être ouvert au monde ». L'intérêt pour la philosophie est bien évidemment essentiel, mais la démarche philosophique impose également une bonne culture générale dans des domaines diversifiés.

➔ La spécialité nécessaire : humanités-littérature-philosophie.

➔ Les spécialités utiles : histoire-géographie-géopolitique et sciences politiques, langues-littératures et cultures étrangères, littérature-langues et cultures de l'Antiquité, arts.

➔ L'option de terminale « droit et grands enjeux du monde contemporain » peut s'avérer utile.

Pour intégrer la mention de licence « psychologie »

Il faut à la fois avoir des compétences dans les disciplines scientifiques – mathématiques, physique-chimie ou sciences de la vie et de la Terre – mais aussi littéraires et sciences sociales : français, philosophie, histoire-géographie et sciences économiques et sociales.

Si une spécialité est nécessaire c'est « sciences de la vie et de la Terre » car certaines universités requièrent un niveau dans la discipline équivalent à celui qu'on retrouve en biologie. Mais pas toutes.

➔ La spécialité nécessaire (mais pas partout) : sciences de la vie et de la Terre.

➔ Les spécialités utiles : mathématiques, histoire-géographie-géopolitique et sciences politiques, humanités-littérature-philosophie, numérique et sciences informatiques.

➔ L'option de terminale « droit et grands enjeux du monde contemporain » peut être utile.

Pour intégrer la mention de licence « sciences politiques »

Il faut logiquement et en priorité montrer un « intérêt pour les questions politiques et sociales ». L'intérêt pour les enjeux politiques et sociaux et, plus largement, pour le fonctionnement des sociétés contemporaines est « essentiel pour une inscription en licence de sciences politiques ». Les formations de sciences politiques incluent en effet à la fois l'étude de la vie et des institutions politiques, des enseignements de sociologie, de relations internationales et de théorie politique. Cette curiosité peut « être attestée par un investissement spécifique dans les humanités et les sciences sociales durant le parcours scolaire (notamment histoire, géographie, sciences économiques et sociales) ainsi que par des engagements civiques ». Les enseignements dispensés incluent une importante dimension européenne et internationale. Est donc également attendu un « intérêt pour les questions transnationales ainsi que pour la diversité des systèmes politiques et sociaux ».

➔ La spécialité nécessaire : histoire-géographie-géopolitique et sciences politiques.

➔ Les spécialités utiles : sciences économiques et sociales, humanités-littérature-philosophie, langues-littératures et cultures étrangères, littérature-langues et cultures de l'Antiquité.

➔ Les options de terminale « droit et grands enjeux du monde contemporain » mais aussi « mathématiques complémentaires » peuvent être utiles.

Pour intégrer la mention de licence « sciences de l'éducation »

Il faut « avoir un intérêt pour les questions d'apprentissage et d'éducation ». Avoir été engagé dans une action éducative et/ou sociale est un plus important, dans un dossier. La licence « sciences de l'éducation » suppose également un intérêt pour l'étude des processus d'apprentissage et des problématiques d'éducation et de formation, intérêt qui a pu « se concrétiser dans la participation à des actions éducatives ».

➔ La spécialité nécessaire : aucune spécifiquement.

➔ Les spécialités utiles : histoire-géographie-géopolitique et sciences politiques, humanités-littérature-philosophie, langues-littératures et cultures étrangères, littérature-langues et cultures de l'Antiquité.

➔ Les options de terminale « droit et grands enjeux du monde contemporain » mais aussi « mathématiques complémentaires » peuvent être utiles.

Pour intégrer la mention de licence « sciences de l'Homme, anthropologie, ethnologie »

Il faut « avoir un intérêt pour les questions historiques, politiques, économiques et sociales ». Les sciences de l'homme, l'anthropologie et l'ethnologie impliquent, en effet, une dimension historique, politique, économique et sociale.

➔ La spécialité nécessaire : aucune spécifiquement.

➔ Les spécialités utiles : histoire-géographie-géopolitique et sciences politiques, humanités-littérature-philosophie, langues-littératures et cultures étrangères, littérature-langues et cultures de l'Antiquité, mathématiques.

➔ Les options de terminale « droit et grands enjeux du monde contemporain » mais aussi « mathématiques complémentaires » peuvent être utiles.

Pour intégrer la mention de licence « sciences du langage »

Il faut « faire preuve de curiosité intellectuelle pour le fonctionnement du langage humain ». La licence « sciences du langage » a en effet pour objet l'étude et la compréhension des processus langagiers et du fonctionnement de la langue dans sa diversité et sa complexité.

➔ La spécialité nécessaire : langues-littératures et cultures étrangères.

➔ Les spécialités utiles : histoire-géographie-géopolitique et sciences politiques, humanités-littérature-philosophie, littérature-langues et cultures de l'Antiquité.

Pour intégrer les mentions de licence « sciences sanitaires et sociales » et « sciences sociales »

Il faut à la fois « être intéressé par les questions de santé et les questions sociales » et par la « démarche scientifique ». La maîtrise d'au moins une langue au niveau baccalauréat est également requise.

➔ La spécialité nécessaire : aucune spécifiquement.

➔ Les spécialités utiles : histoire-géographie-géopolitique et sciences politiques, humanités-littérature-philosophie, mathématiques, sciences de la vie et de la Terre, numérique et sciences informatiques.

➔ Les options de terminale « droit et grands enjeux du monde contemporain » mais aussi « mathématiques complémentaires » peuvent être utiles.

Pour intégrer la mention de licence « sociologie »

Il faut « avoir un intérêt pour les questions politiques, économiques et sociales ». La sociologie implique en effet une dimension politique, économique et sociale. Un niveau correct en mathématiques est plus qu'utile pour manier les très nombreux indicateurs nécessaires à la compréhension des phénomènes sociologiques.

➔ La spécialité nécessaire : aucune spécifiquement.

➔ Les spécialités utiles : sciences économiques et sociales, histoire-géographie-géopolitique et sciences politiques, humanités-littérature-philosophie, langues-littératures et cultures étrangères, mathématiques, numérique et sciences informatiques.

➔ Les options de terminale « droit et grands enjeux du monde contemporain » mais aussi « mathématiques complémentaires » peuvent être utiles.

QUE DEVIENNENT LES ÉTUDES DE MÉDECINE ?

À la rentrée 2020 la PACES (première année commune aux études de santé) comme le *numerus clausus* ont disparu. Pour autant les portes ne vont pas grandes s'ouvrir : si le besoin de formation de médecins est très important en France, les facultés n'ont pas les moyens d'en former beaucoup plus chaque année. Notamment parce que leur formation se déroule largement au sein des hôpitaux où la place est forcément contrainte.

Le nouveau système. Alors que jusqu'ici l'admission dans les études de santé (devenues « maïeutique, médecine, odontologie, pharmacie ») se faisait presque exclusivement *via* la PACES, à la rentrée 2020 les universités mettent en place de nouvelles modalités d'accès après une, deux ou trois années d'études supérieures de santé. Chaque étudiant pourra présenter sa candidature aux études de santé deux fois.

Les lycéens peuvent choisir entre plusieurs parcours, intégrés dans les mentions de licence :

– soit une licence avec une option « accès santé » (LAS) comprenant une majeure au choix et une mineure santé comprenant au moins 10 crédits ECTS dans des unités d'enseignement relevant du domaine de la santé (les étudiants pourront passer deux fois le concours entre la première, la deuxième et la troisième année) ;

– soit un parcours spécifique « accès santé » (PASS) très proche de l'actuelle PACES mais comprenant des épreuves orales (s'ils échouent tout en ayant validé leurs partiels les étudiants pourront retenter une nouvelle fois le concours de médecine dans le cadre d'une LAS).

... /...

Dans le même temps le *numerus clausus* national sera supprimé. Les universités pourront, en lien avec les Agences régionales de santé, s'adapter aux besoins des territoires en définissant le nombre d'étudiants qu'elles admettent dans les différentes filières.

Les candidatures post LAS seront évaluées sur :

- les notes obtenues au cours du parcours de formation pertinentes pour apprécier les compétences nécessaires ;
- des épreuves complémentaires, orales ou écrites qui permettent d'apprécier d'autres compétences également utiles.

Les étudiants ayant obtenu dans leur parcours de formation des notes supérieures à un seuil fixé par l'université pourront être admis directement sans passer les épreuves complémentaires. Les modalités des épreuves seront précisées par chaque université, qui accompagnera les étudiants dans la préparation.

Le choix des spécialités. S'il est impossible de dire quelles spécialités sont indispensables – ou même utiles – pour intégrer une « accès santé » (LAS) de très bonnes compétences scientifiques restent essentielles pour intégrer le parcours « accès santé » (PASS). Notamment une très bonne maîtrise des compétences classiques et expérimentales attendues en physique, chimie, sciences de la vie et de la Terre ou encore mathématiques à la fin de la classe de terminale. Compte tenu de l'impossibilité de conserver trois spécialités en terminale, un choix cornélien va devoir être fait entre les spécialités « sciences de la vie et de la Terre », « mathématiques » et « physique-chimie ». Et surtout entre ces deux dernières tant les sciences de la vie et de la Terre paraissent indispensables.

Pour autant il n'est pas absurde en première de n'opter que pour deux des trois spécialités scientifiques en conservant une spécialité d'« ouverture ».

➔ La spécialité nécessaire : sciences de la vie et de la Terre.

➔ Les spécialités utiles : mathématiques, physique-chimie.

➔ L'option de terminale « mathématiques complémentaires » s'impose en cas d'abandon de la spécialité « mathématiques » en terminale. Ceux qui conservent cette dernière spécialité ont tout intérêt à y adjoindre « mathématiques expertes ». ■

Les licences scientifiques

Chaque mention de licence scientifique se caractérise par une discipline majeure (le nom de la mention), pour laquelle il est préconisé un très bon niveau des matières correspondantes au lycée, et un bon niveau des compétences expérimentales éventuellement associées. Chaque mention inclut souvent une seconde discipline pour laquelle il est préconisé une bonne maîtrise des matières correspondantes au lycée.

Pour intégrer les mentions de licence « électronique, énergie électrique, automatique », « génie civil » et « mécanique »

Une très bonne maîtrise des compétences attendues en sciences de l'ingénieur à la fin de la classe de terminale est préconisée. Une bonne maîtrise des compétences attendues en mathématiques à la fin de la classe de terminale est également préconisée (en fonction du portail auquel appartient la mention).

- ➔ La spécialité nécessaire : sciences de l'ingénieur.
- ➔ Les spécialités utiles : mathématiques, numérique et sciences informatiques, physique-chimie, sciences de la vie et de la Terre.
- ➔ L'option de terminale « mathématiques expertes » peut être utile.

Pour intégrer la mention de licence « informatique »

Il faut disposer de compétences scientifiques mais aussi en communication. Une très bonne maîtrise des compétences attendues en mathématiques à la fin de la classe de terminale est préconisée. Une bonne maîtrise de compétences attendues dans une autre discipline, scientifique ou non, à la fin de la classe de terminale est préconisée. Dans le cadre du nouveau bac, il paraît logique de choisir la spécialité « numérique et sciences informatiques ». Seulement c'est une spécialité relativement rare. Dans l'académie de Grenoble par exemple moins de 40 lycées la proposent sur un total de 122. Le choix de la spécialité mathématiques devrait donc être équivalent.

➔ Les spécialités indispensables : numérique et sciences informatiques ou mathématiques.

➔ Les spécialités utiles : physique-chimie, sciences de la vie et de la Terre, sciences de l'ingénieur.

➔ L'option de terminale « mathématiques expertes » s'impose.

Pour intégrer la mention de licence « mathématiques »

Une très bonne maîtrise des compétences attendues en mathématiques à la fin de la classe de terminale est évidemment nécessaire. Cette mention nécessite également une capacité à communiquer à l'écrit et à l'oral de « manière rigoureuse et adaptée, une aptitude à se documenter dans au moins une langue étrangère, prioritairement anglaise et une capacité à l'écrire et à la parler à un niveau B ».

➔ La spécialité indispensable en terminale : mathématiques.

➔ Les spécialités utiles : numérique et sciences informatiques, physique-chimie, sciences de la vie et de la Terre, sciences de l'ingénieur.

➔ L'option de terminale « mathématiques expertes » s'impose.

Pour intégrer la mention de licence « mathématiques et informatique appliquées aux sciences humaines et sociales »

Une très bonne maîtrise des compétences attendues en mathématiques à la fin de la classe de terminale est préconisée. Cette mention nécessite également une capacité à communiquer à l'écrit et à l'oral de « manière rigoureuse et adaptée, une aptitude à se documenter dans au moins une langue étrangère, prioritairement anglaise et une capacité à l'écrire et à la parler à un niveau B ».

➔ La spécialité indispensable en terminale : mathématiques.

➔ Les spécialités utiles : numérique et sciences informatiques, physique-chimie, sciences de la vie et de la Terre, sciences de l'ingénieur, sciences économiques.

➔ L'option de terminale « mathématiques expertes » s'impose.

Pour intégrer les mentions de licence « physique-chimie », « chimie » et « physique »

Une très bonne maîtrise des compétences attendues en physique-chimie, mais aussi en mathématiques, à la fin de la classe de terminale est préconisée. Cette mention requiert également une « curiosité intellectuelle, une capacité à s'organiser et à conduire ses apprentissages et, enfin, une aptitude à programmer son travail personnel et à s'y tenir dans la durée ».

➔ Les spécialités indispensables : physique-chimie et mathématiques.

➔ Les spécialités utiles : numérique et sciences informatiques, sciences de la vie et de la Terre, sciences de l'ingénieur.

➔ L'option de terminale « mathématiques expertes » peut être très utile.

Pour intégrer les mentions de licence « sciences de la vie et de la Terre », « sciences de la vie » et « sciences de la Terre »

Une très bonne maîtrise des compétences attendues en sciences de la vie et de la Terre à la fin de la classe de terminale est nécessaire. Une bonne maîtrise des compétences attendues en physique-chimie à la fin de la classe de terminale est également préconisée (en fonction du portail auquel appartient la mention).

➔ La spécialité indispensable en terminale : sciences de la vie et de la Terre.

➔ Les spécialités utiles : physique-chimie, mathématiques, numérique et sciences informatiques, sciences de l'ingénieur.

➔ L'option de terminale « mathématiques complémentaires » peut suppléer à l'abandon des mathématiques en terminale au bénéfice des spécialités « sciences de la vie et de la Terre » et « physique-chimie ».

Pour intégrer la mention de licence « sciences et techniques des activités physiques et sportives (Staps) »

Il faut absolument posséder des compétences scientifiques. Les études en Staps comportent en effet des enseignements scientifiques pluridisciplinaires (sciences de la vie, sciences humaines et sociales). Les étudiants doivent « être en mesure d'assimiler ces contenus et de construire un raisonnement à partir de concepts scientifiques ». Les études en Staps comportant une part importante de pratique sportive, il est également nécessaire de présenter une expérience régulière et diversifiée dans les activités physiques et sportives. Enfin il faut « manifester de l'intérêt pour l'exercice de responsabilité collective, associative ou citoyenne ». Le domaine professionnel auquel préparent les études en Staps renvoie en effet majoritairement aux métiers de l'enseignement, de l'éducation, de l'entraînement, de l'accompagnement des personnes ou de la réhabilitation, dans lesquels « l'intervenant est responsable de la sécurité du public qui lui est confié, et garant de l'éthique et des valeurs qu'il transmet ». De ce fait, l'exercice préalable de fonctions d'animation, d'encadrement, de responsabilités collectives, associatives ou citoyennes constitue un atout.

➔ Les spécialités nécessaires en terminale : sciences de la vie et de la Terre ou mathématiques.

➔ Les spécialités utiles : numérique et sciences informatiques, physique-chimie, sciences de l'ingénieur, humanités-littérature-philosophie.

➔ L'option de terminale « mathématiques complémentaires » peut suppléer l'absence de la spécialité mathématiques.

Pour intégrer la mention de licence « sciences pour la santé »

Il faut posséder une « très bonne maîtrise des compétences classiques et expérimentales attendues en physique, chimie, sciences de la vie et de la terre, et mathématiques à la fin de la classe de terminale ». De plus « disposer de qualités humaines, d'empathie, de bienveillance et d'écoute est essentiel dans toutes les filières ouvrant aux métiers de santé ».

→ La spécialité nécessaire en terminale : sciences de la vie et de la Terre.
→ Les spécialités utiles : mathématiques, numérique et sciences informatiques, physique-chimie, sciences de l'ingénieur, humanités-littérature-philosophie.
→ L'option de terminale « mathématiques complémentaires » peut suppléer à l'abandon des mathématiques en terminale au bénéfice des spécialités sciences de la vie et de la Terre et physique-chimie.

Pour intégrer la mention de licence « sciences et technologies »

Est préconisée à la fin de la classe de terminale une bonne maîtrise des compétences attendues dans l'une au moins des disciplines suivantes : mathématiques, physique-chimie, sciences de la vie et de la Terre ou sciences de l'ingénieur.

→ La spécialité nécessaire en terminale : à choisir parmi les cinq ci-dessous.
→ Les spécialités utiles : mathématiques, numérique et sciences informatiques, physique-chimie, sciences de l'ingénieur, sciences de la vie et de la Terre.
→ L'option de terminale « mathématiques expertes » peut être utile.

Pour intégrer la mention de licence « sciences pour l'ingénieur »

Sont préconisées une très bonne maîtrise des compétences attendues en sciences de l'ingénieur comme en mathématiques à la fin de la classe de terminale.

➔ La spécialité nécessaire en terminale : sciences de l'ingénieur.
➔ Les spécialités utiles : mathématiques, numérique et sciences informatiques, physique-chimie, sciences de la vie et de la Terre.
➔ L'option de terminale « mathématiques expertes » peut être utile.

Quelles spécialités pour intégrer un diplôme universitaire de technologie (DUT) ou un bachelor universitaire de technologie (BUT) ?

Là où les autres instances de l'enseignement supérieur se refusent à préciser quelles spécialités correspondent le mieux à leurs filières, l'Assemblée des directeurs d'IUT (ADIUT) s'est risquée à publier un tableau précisant pour chaque diplôme universitaire de technologie (DUT) quelle spécialité est « très adaptée », « adaptée » ou « complémentaire ». Seuls les responsables des DUT « carrières sociales » se sont refusés à faire le moindre choix. Nous vous livrons ci-dessous les spécialités « très adaptées » et « adaptées » de chaque DUT (toutes celles non citées sont « complémentaires »). La naissance à la rentrée 2021 du bachelor universitaire de technologie (BUT), diplôme en trois ans qui remplace le DUT, ne devrait pas changer la donne.

Pour intégrer un DUT/BUT « chimie »

➔ Les spécialités « très adaptées » : mathématiques, physique-chimie, sciences de la vie et de la Terre, sciences de l'ingénieur.
➔ Les spécialités « adaptées » : biologie-écologie, langues-littératures et cultures étrangères, numérique et sciences informatiques.

Pour intégrer un DUT/BUT « carrières juridiques »

➔ Les spécialités « très adaptées » : histoire-géographie-géopolitique et sciences politiques, langues-littératures et cultures étrangères, sciences économiques et sociales.
➔ Les spécialités « adaptées » : humanités-littérature-philosophie, mathématiques, numérique et sciences informatiques.

Pour intégrer un DUT/BUT « gestion administrative et commerciale des organisations »

➔ Les spécialités « très adaptées » : histoire-géographie-géopolitique et sciences politiques, humanités-littérature-philosophie, langues-littératures et cultures étrangères, sciences économiques et sociales.
➔ Les spécialités « adaptées » : arts, mathématiques, numérique et sciences informatiques.

Pour intégrer un DUT/BUT « génie biologique »

➔ Les spécialités « très adaptées » : biologie-écologie, mathématiques, physique-chimie, sciences de la vie et de la Terre.

➔ Les spécialités « adaptées » : langues-littératures et cultures étrangères, numérique et sciences informatiques, sciences de l'ingénieur.

Pour intégrer un DUT/BUT « génie civil-construction durable »

➔ Les spécialités « très adaptées » : mathématiques, numérique et sciences informatiques, physique-chimie, sciences de l'ingénieur.
➔ Les spécialités « adaptées » : biologie-écologie, sciences de la vie et de la Terre, sciences économiques et sociales.

Pour intégrer un DUT/BUT « génie chimique-génie des procédés »

➔ Les spécialités « très adaptées » : mathématiques, physique-chimie, sciences de la vie et de la Terre, sciences de l'ingénieur.
➔ Les spécialités « adaptées » : biologie-écologie, numérique et sciences informatiques.

Pour intégrer un DUT/BUT « gestion des entreprises et des administrations »

➔ Les spécialités « très adaptées » : histoire-géographie-géopolitique et sciences politiques, langues-littératures et cultures étrangères, mathématiques, numérique et sciences informatiques, sciences économiques et sociales.
➔ Les spécialités « adaptées » : humanités-littérature-philosophie.

Pour intégrer un DUT/BUT « génie électrique et informatique industrielle »

➔ Les spécialités « très adaptées » : mathématiques, physique-chimie, sciences de l'ingénieur.
➔ Les spécialités « adaptées » : langues-littératures et cultures étrangères, numérique et sciences informatiques, sciences de la vie et de la Terre, sciences économiques et sociales.

Pour intégrer un DUT/BUT « génie industriel et maintenance »

➔ Les spécialités « très adaptées » : mathématiques, numérique et sciences informatiques, physique-chimie, sciences de l'ingénieur.
➔ Les spécialités « adaptées » : langues-littératures et cultures étrangères, sciences de la vie et de la Terre, sciences économiques et sociales.

Pour intégrer un DUT/BUT « gestion logistique et transport »

➔ Les spécialités « très adaptées » : histoire-géographie-géopolitique et sciences politiques, langues-littératures et cultures étrangères, mathématiques, numérique et sciences informatiques, sciences économiques et sociales.
➔ Les spécialités « adaptées » : humanités-littérature-philosophie, sciences de l'ingénieur.

Pour intégrer un DUT/BUT « génie mécanique et productique »

- Les spécialités « très adaptées » : mathématiques, physique-chimie, sciences de l'ingénieur.
- Les spécialités « adaptées » : numérique et sciences informatiques, sciences de la vie et de la Terre.

Pour intégrer un DUT/BUT « génie thermique et énergie »

- Les spécialités « très adaptées » : mathématiques, physique-chimie, sciences de l'ingénieur.
- Les spécialités « adaptées » : langues-littératures et cultures étrangères, numérique et sciences informatiques, sciences de la vie et de la Terre.

Pour intégrer un DUT/BUT « hygiène sécurité environnement »

- Les spécialités « très adaptées » : biologie-écologie, mathématiques, physique-chimie, sciences de la vie et de la Terre, sciences de l'ingénieur.
- Les spécialités « adaptées » : aucune.

Pour intégrer un DUT/BUT « informatique »

- Les spécialités « très adaptées » : mathématiques, numérique et sciences informatiques, sciences de l'ingénieur.
- Les spécialités « adaptées » : langues-littératures et cultures étrangères, physique-chimie, sciences de la vie et de la Terre, sciences économiques et sociales.

Pour intégrer un DUT/BUT « information-communication »

➔ Les spécialités « très adaptées » : arts, histoire-géographie-géopolitique et sciences politiques, humanités-littérature-philosophie, langues-littératures et cultures étrangères, sciences économiques et sociales.
➔ Les spécialités « adaptées » : littérature-langues et cultures de l'Antiquité, mathématiques, numérique et sciences informatiques.

Pour intégrer un DUT/BUT « métiers du multimédia et de l'Internet »

➔ Les spécialités « très adaptées » : numérique et sciences informatiques.
➔ Les spécialités « adaptées » : arts, humanités-littérature-philosophie, langues-littératures et cultures étrangères, mathématiques, physique-chimie, sciences de l'ingénieur, sciences économiques et sociales.

Pour intégrer un DUT/BUT « mesures physiques »

➔ Les spécialités « très adaptées » : mathématiques, physique-chimie, sciences de l'ingénieur.
➔ Les spécialités « adaptées » : langues-littératures et cultures étrangères, numérique et sciences informatiques, sciences de la vie et de la Terre.

Pour intégrer un DUT/BUT « packaging, emballage et conditionnement »

➔ Les spécialités « très adaptées » : mathématiques, physique-chimie, sciences de l'ingénieur.
➔ Les spécialités « adaptées » : arts, biologie-écologie, numérique et sciences informatiques, sciences de la vie et de la Terre, sciences économiques et sociales.

Pour intégrer un DUT/BUT « qualité, logistique industrielle et organisation »

➔ Les spécialités « très adaptées » : mathématiques, numérique et sciences informatiques, physique-chimie, sciences de l'ingénieur.
➔ Les spécialités « adaptées » : langues-littératures et cultures étrangères, sciences de la vie et de la Terre, sciences économiques et sociales.

Pour intégrer un DUT/BUT « réseaux et télécommunications »

➔ Les spécialités « très adaptées » : mathématiques, numérique et sciences informatiques, physique-chimie, sciences de l'ingénieur.
➔ Les spécialités « adaptées » : langues-littératures et cultures étrangères, sciences de la vie et de la Terre, sciences économiques et sociales.

Pour intégrer un DUT/BUT « science et génie des matériaux »

➔ Les spécialités « très adaptées » : mathématiques, physique-chimie, sciences de l'ingénieur.
➔ Les spécialités « adaptées » : langues-littératures et cultures étrangères, numérique et sciences informatiques, sciences de la vie et de la Terre, sciences économiques et sociales.

Pour intégrer un DUT/BUT « statistique et informatique décisionnelle »

➔ Les spécialités « très adaptées » : mathématiques, numérique et sciences informatiques, sciences économiques et sociales.
➔ Les spécialités « adaptées » : physique-chimie, sciences de la vie et de la Terre.

Pour intégrer un DUT/BUT « techniques de commercialisation »

➔ Les spécialités « très adaptées » : histoire-géographie-géopolitique et sciences politiques, langues-littératures et cultures étrangères, mathématiques, numérique et sciences informatiques, sciences économiques et sociales.
➔ La spécialité « adaptée » : humanités-littérature-philosophie.

QUELLES SPÉCIALITÉS POUR ÊTRE REÇU EN BTS COMMERCIAL ?

Les brevets de technicien commercial (BTS) – et leurs options, plus de 500 en tout – sont trop nombreux pour que nous puissions aujourd'hui vous livrer des conclusions pour chacun. De plus, les niveaux des lycées

... /...

qui y préparent sont extrêmement variables et leur sélectivité également. D'où des choix de spécialités qui seront parfois très ouverts, parfois très restreints selon la sélectivité de chaque lycée.

➔ Consultez la partie qui leur est consacrée sur le site de *l'Etudiant* (**https://www.letudiant.fr/etudes/bts.html**) pour en savoir plus. ■

Quelles spécialités pour intégrer une école postbac?

Il existe un large choix d'écoles postbac. Les meilleures écoles de management, l'ensemble des écoles d'ingénieurs délivrant le titre d'ingénieur, de nombreux Sciences Po, les meilleures écoles d'art ou encore Paris-Dauphine sont membres de la Conférence des Grandes écoles. Beaucoup d'autres ne sont visibles que par leur accès au Répertoire national des certifications professionnelles (RNCP) qui valide leur capacité à amener leurs diplômés à un emploi et à l'y permettre de progresser. Si les écoles les plus réputées sont sélectives d'autres ne le sont quasiment pas. Nous vous proposons ici de suivre les spécialités indiquées pour les filières les plus communément demandées.

Pour intégrer une école d'ingénieurs

Les équipes pédagogiques sont « bien conscientes qu'elles vont recevoir des étudiants dont le profil scientifique sera différent de celui d'aujourd'hui », souligne le président de la Conférence des directeurs des écoles françaises d'ingénieurs (Cdefi) et directeur de Télécom Saint-Étienne, Jacques Fayolle, qui insiste : « Les classes préparatoires intégrées auront particulièrement une carte à jouer. La vision par compétences, en adéquation avec le marché de l'emploi, doit pouvoir être répliquée dès les premiers cycles. Avec la fin des cursus monolithiques, un étudiant pourra avoir fait très peu de physique au lycée, ou même pas du tout, et acquérir les compétences nécessaires au sein de l'école, quitte à recevoir moins de cours

d'autres thématiques par exemple. Il faut aussi voir cette réforme comme une opportunité d'accueillir des profils différents de qualité. »
Tout dépend également de la (ou les) spécialité(s) que propose chaque école d'ingénieurs. Si beaucoup d'écoles privées sont essentiellement spécialisées en informatique les Polytech, écoles d'ingénieurs universitaires postbac, proposent quant à elles un vaste choix de filières et recruteront donc des étudiants ayant opté pour quasiment toutes les spécialités scientifiques.
Dans presque tous les cas, le choix de la spécialité « mathématiques » s'impose en première comme en terminale. Si dans cette dernière classe mieux vaut avoir opté pour deux spécialités scientifiques, le choix d'une spécialité d'« ouverture » non scientifique en première ne devrait pas poser de problème. Voire être un atout pour présenter un profil plus ouvert. Mais tout dépend essentiellement du niveau de difficulté des concours...

Pour intégrer une école d'ingénieurs généraliste

➔ La spécialité « nécessaire » : mathématiques.
➔ Les spécialités « utiles » : mathématiques, numérique et sciences informatiques, physique-chimie, sciences de l'ingénieur, sciences de la vie et de la Terre.

Pour intégrer une école d'ingénieurs spécialisée en informatique

La toute nouvelle spécialité « numérique et sciences informatiques » semble avoir été créée pour ces écoles. Pour autant elle appréciera toujours autant ceux qui ont opté pour la spécialité « mathématiques ». Opter pour les deux ensembles ne devrait pas être indispensable. Le choix de l'option « mathématiques expertes » en terminale sera un atout très apprécié.
➔ Les spécialités « nécessaires » : mathématiques ou numérique et sciences informatiques.

➔ Les spécialités « adaptées » : physique-chimie, sciences de l'ingénieur, sciences de la vie et de la Terre.

Pour intégrer une école d'ingénieurs spécialisée en agriculture ou en agronomie

Sous tutelle du ministère de l'Agriculture, ces écoles sont donc susceptibles de favoriser les élèves ayant opté pour la spécialité « biologie-écologie » dispensée uniquement dans les lycées agricoles. Pour les étudiants passés par ces lycées y associer la spécialité « sciences de la vie et de la Terre » ne paraît pas indispensable. *A contrario*, les autres ont tout intérêt à opter pour cette dernière spécialité.

➔ Les spécialités « nécessaires » : biologie-écologie ou sciences de la vie et de la Terre.

➔ Les spécialités « adaptées » : mathématiques, physique-chimie, sciences de l'ingénieur.

Pour intégrer une école d'ingénieurs spécialisée en chimie

Les écoles de chimie sont notamment accessibles *via* le cycle préparatoire intégré de la fédération Gay-Lussac. Dans ce cadre, ils suivent un cursus en 5 ans dans une école qui les reçoit tout au long de leur cursus.

➔ La spécialité « nécessaire » : physique-chimie.

➔ Les spécialités « adaptées » : mathématiques, sciences de la vie et de la Terre, sciences de l'ingénieur, biologie-écologie.

Pour intégrer une école d'ingénieurs spécialisée en sciences de l'ingénieur

Mécanique, aéronautique, matériaux, le spectre de ces écoles est large et toutes vont à la fois apprécier les élèves passés par un spécialité « mathématiques » comme « sciences de l'ingénieur ».

➔ Les spécialités « utiles » : mathématiques et sciences de l'ingénieur.

➔ Les spécialités « adaptées » : physique-chimie, sciences de la vie et de la Terre.

Pour intégrer une école de commerce

Tout va dépendre essentiellement du niveau en mathématiques demandé par l'école qu'il s'agisse d'un programme en 5 ans ou d'un bachelor en 3 ou 4 ans. Et donc, dans la plupart des cas, du niveau du concours... Quoi qu'il en soit les écoles se disent prêtes à recevoir des élèves ayant opté pour un très large choix de spécialités. Le niveau en langues qu'elles demandent semble devoir néanmoins favoriser ceux qui auront opté pour la spécialité « langues-littératures et cultures étrangères ». La spécialité « sciences économiques et sociales » ne sera pas plus indispensable demain qu'elle ne l'est aujourd'hui alors qu'un bon niveau en mathématiques reste un atout précieux. Opter au moins pour l'option « mathématiques complémentaires » semble judicieux.

➔ Les spécialités « utiles » : mathématiques, langues-littératures et cultures étrangères, sciences économiques et sociales.

➔ Les spécialités « adaptées » : histoire-géographie-géopolitique et sciences politiques, humanités-littérature-philosophie, numérique et sciences informatiques.

Pour intégrer Sciences Po

« Il faut avant tout être curieux » avance le directeur de Sciences Po Lille qui rappelle : « Ce sont des étudiants curieux et de bon niveau que nous recherchons. Surtout pas en choisissant telle ou telle spécialité. Les lycéens doivent se faire plaisir avant tout, bien bosser aussi évidemment. Et notre concours futur accompagnera cette philosophie. »

Présidente du « Réseau ScPo », qui réunit sept des neuf Sciences Po de régions, la directrice de Sciences Po Saint-Germain, Céline Braconnier, rappelle de son côté : « Nos épreuves servent d'abord à sélectionner des étudiants curieux du monde, qui cherchent à mieux le comprendre pour mieux agir sur lui. Nous sommes des grandes écoles de sciences sociales et, à ce titre, nous valorisons aussi les capacités de synthèse et la rigueur de l'argumentation. »

L'épreuve du concours intitulée « questions contemporaines », qui n'est ni une épreuve de philosophie, ni une épreuve de sociologie ou de géographie mais « peut s'enrichir des apports de tous ces enseignements, permet de détecter en amont les capacités des lycéens à sortir de leur zone de confort ».

C'est dire si le choix de spécialités peut être large, dans la mesure où il permet d'aborder au mieux le concours d'entrée des Sciences Po de province comme de leur grand frère parisien. Dans ce cadre, le choix de la spécialité « histoire-géographie-géopolitique et sciences politiques » semble néanmoins s'imposer sans être pour autant indispensable. Mieux vaut ne pas complètement négliger les mathématiques, bien utiles dans beaucoup de disciplines, en optant au moins pour l'option « mathématiques complémentaires » en terminale.

- ➔ La spécialité « nécessaire » : histoire-géographie-géopolitique et sciences politiques.
- ➔ Les spécialités « utiles » : humanités-littérature-philosophie, langues-littératures et cultures étrangères, sciences économiques et sociales, mathématiques.

Pour intégrer une école paramédicale

Institut de formation en soins infirmiers, masso-kinésithérapie, orthoptique, etc. : il paraît judicieux d'opter pour les spécialités « sciences de la vie et de la Terre », « mathématiques » et « physique-chimie ». Et surtout la première.

➔ La spécialité « nécessaire » : sciences de la vie et de la Terre.

➔ Les spécialités « utiles » : mathématiques, physique-chimie.

➔ L'option de terminale « mathématiques complémentaires » s'impose en cas d'abandon de la spécialité « mathématiques » en terminale.

Pour intégrer une école d'art

Voir une préparation aux écoles d'art, il semble plus que judicieux d'avoir opté pour l'une des spécialités du domaine « arts » en rapport avec l'école visée. Mais rien ne sera plus obligatoire demain que cela ne l'est aujourd'hui. Tout dépend en fait du niveau de sélectivité de l'école envisagée.

➔ La spécialité « nécessaire » : arts.

➔ Les spécialités « utiles » : histoire-géographie-géopolitique et sciences politiques, humanités-littérature-philosophie, langues-littératures et cultures étrangères, langues et cultures de l'Antiquité.

Pour intégrer une école de journalisme ou de communication

Toutes les spécialités des sciences humaines et sociales sont indiquées sans qu'aucune ne s'impose.

➔ Les spécialités « utiles » : histoire-géographie-géopolitique et sciences politiques, humanités-littérature-philosophie, langues-littérature et cultures étrangères, littérature-langues et cultures de l'Antiquité, arts.

Pour intégrer une école de tourisme ou d'hôtellerie

Le choix de spécialités est très large. Un bon niveau en langue semble s'imposer. Enfin, il ne faut pas totalement négliger les mathématiques en optant au moins pour la spécialité « mathématiques complémentaires ».

➔ La spécialité « utile » : langues-littératures et cultures étrangères.

➔ Les spécialités « adaptées » : histoire-géographie-géopolitique et sciences politiques, langues-littérature et cultures étrangères, langues et cultures de l'Antiquité, sciences économiques et sociales.

PARTIE 4

LE BAC TECHNOLOGIQUE ET LE BAC PROFESSIONNEL

S'il ne connaît pas d'évolution majeure comme le bac général – les mêmes séries sont maintenues –, le bac technologique n'en connaît pas moins quelques évolutions. Notamment avec l'instauration d'un accompagnement personnalisé destiné à « apporter un soutien, un approfondissement et de l'aide à l'orientation ». Si un certain nombre d'enseignements sont communs à toutes les filières, des enseignements optionnels donnent à chaque bac une connotation particulière.

Sommaire

Bacs technologiques : les programmes communs

Les élèves de première peuvent choisir un bac technologique parmi huit spécialités.
Si beaucoup d'enseignements sont dédiés à chaque bac, des enseignements communs sont délivrés en première et en terminale (à l'exception des bacs « techniques de la musique et de la danse » et « sciences et technologies de l'agronomie et du vivant »). Ils sont répartis ainsi par semaine :

Français : 3 heures (en première)

Philosophie : 2 heures (en terminale)

Mathématiques : 3 heures

Histoire-géographie : 1 heure 30

Langues vivantes A et B : 4 heures

Éducation physique et sportive : 2 heures

Enseignement moral et civique : 18 heures (par an)

S'ajoutent trois spécialités – non choisies – en première puis deux en terminale et des enseignements optionnels.
Nous vous présentons ci-dessous l'essentiel de ce qu'il faut connaître sur les programmes de première, communs à la plupart des séries du bac technologique tels qu'ils ont été délivrés début 2019 (pour les langues vivantes et l'enseignement moral et civique voir les encadrés qui leur sont consacrés dans la partie « Bac général »).

Le programme de français des premières technologiques : que faut-il retenir ?

Dans la continuité de la classe de seconde, l'enseignement du français en première a pour finalités « d'élargir et d'approfondir chez les élèves la connaissance et le goût de la langue et de la littérature, de poursuivre la construction et l'appropriation personnelle d'une culture littéraire, ainsi que l'acquisition des capacités d'expression, d'analyse, d'interprétation et de réflexion qu'évaluent en fin d'année scolaire les épreuves anticipées de français ».
Le programme fixe quatre objets d'étude – la poésie, le roman et le récit, le théâtre et la littérature d'idées – auxquels sont associés une œuvre (ou une section substantielle et cohérente d'une œuvre) et un parcours permettant de la situer dans son contexte historique et générique.
Sont étudiées en tout douze œuvres obligatoires – jusqu'ici les professeurs les choisissaient librement – qui seront renouvelées chaque année par moitié issues de :

- La poésie du XIXe au XXIe siècle (Victor Hugo, *Les Contemplations*, livres I à IV / parcours : Les Mémoires d'une âme ; Charles Baudelaire, *Les Fleurs du Mal* / parcours : Alchimie poétique : la boue et l'or ; Guillaume Apollinaire, *Alcools* / parcours : Modernité poétique ?).
- La littérature d'idées et de la presse du XVIe siècle au XXIe siècle (Montaigne, *Essais*, « Des Cannibales », I, 31 ; « Des Coches », III, 6 [translation en français moderne autorisée] / parcours : Notre monde vient d'en trouver un autre ; Jean de La Fontaine, *Fables* (livres VII à XI) / parcours : Imagination et pensée au XVIIe siècle ; Montesquieu, *Lettres persanes* / parcours : Le regard éloigné).
- Le roman et le récit du Moyen Âge au XXIe siècle (Madame de Lafayette, *La Princesse de Clèves* / parcours : individu, morale et société ; Stendhal, *Le Rouge et le Noir* / parcours : Le personnage de roman, esthétiques et valeurs ; Marguerite Yourcenar : *Mémoires d'Hadrien* / parcours : Soi-même comme un autre).
- Le théâtre du XVIIe siècle au XXIe siècle (Jean Racine, *Phèdre* / parcours : Passion et tragédie ; Beaumarchais, *Le Mariage de*

Figaro / parcours : La comédie du valet; Samuel Beckett, *Oh Les Beaux Jours* / parcours : Un théâtre de la condition humaine).

Le programme d'histoire-géographie des premières technologiques : que faut-il retenir?

Intitulé « Construire une nation démocratique dans l'Europe des monarchies et des empires : la France de 1789 aux lendemains de la Première Guerre mondiale », le programme d'histoire de première des classes technologiques est centré sur la France de la Révolution de 1789 à la Première Guerre mondiale. Il vise à montrer comment, « dans une Europe dominée par les monarchies et les Empires multinationaux, le pays, avec la Révolution française, pose les bases d'une conception nouvelle de la nation ». La France connaît à la fois une modernisation progressive de sa société et de grandes oscillations politiques, qui cessent avec l'instauration de la Troisième République. Le programme se termine par l'étude de la Première Guerre mondiale qui, avec la victoire des Alliés, débouche sur une tentative d'application générale du principe des nationalités.

En géographie c'est sous l'intitulé « Les dynamiques d'un monde en recomposition » que le programme de première entend faire « ressortir la complexité des processus de réorganisation des espaces de vie et de production du monde contemporain ». Ces recompositions peuvent être observées à travers le poids croissant des villes et des métropoles dans le fonctionnement des sociétés et l'organisation des territoires.

Le programme de mathématiques des premières technologiques : que faut-il retenir?

Le programme commun de mathématiques de première technologique des séries STD2A, STHR, STI2D, STL, STMG et ST2S

entend notamment « assurer les bases mathématiques nécessaires aux autres disciplines enseignées et développer des aptitudes intellectuelles indispensables à la réussite d'études supérieures, quelle que soit la spécialité technologique retenue ». Prenant acte que « le passage à l'abstraction mathématique peut présenter des difficultés pour certains élèves », les auteurs du programme insistent pour que « les nouveaux concepts soient introduits par un questionnement ou un problème qui conduit à des conjectures et donne sens à leur formalisation abstraite ». Tout au long du cycle terminal, la plupart des élèves sont ainsi amenés à écrire une fonction simple en langage Python et à interpréter un algorithme donné.
L'enseignement commun de mathématiques est complété, pour les élèves des séries STI2D et STL, par un enseignement de spécialité intitulé « physique-chimie et mathématiques ». Les élèves de ST2A ne suivent pas l'enseignement « algorithmique et programmation » remplacé par les « activités géométriques »

Les différents bacs technologiques

Huit spécialités différentes du bac technologique sont proposées aux élèves de première. Sans entrer dans le détail de chaque programme, nous vous proposons de visualiser ci-dessous ce qui en constitue l'essentiel.

Le bac ST2S

Sciences et technologies de la santé et du social

Les enseignements de spécialité de ST2S sont :
- en première : physique chimie pour la santé, biologie et physiopathologie humaines, sciences et techniques sanitaires et sociales (15 heures par an).

• en terminale : chimie, biologie et physiopathologie humaines, sciences et techniques sanitaires et sociales (16 heures par an).

Le bac STAV

Sciences et technologies de l'agronomie et du vivant

Dans les lycées d'enseignement général et technologique agricole avec des enseignements optionnels spécifiques.

Le bac STD2A

Sciences et technologies du design et des arts appliqués

Les enseignements de spécialité de STD2A sont :

- en première : physique-chimie, outils et langages numériques, design et métiers d'art (18 heures en tout);
- en terminale : analyse et méthodes en design, conception et création en design et métiers d'art (18 heures par an).

LE BAC STHR : DÈS LA SECONDE

Le bac STHR (sciences et technologies de l'hôtellerie et de la restauration) a la particularité de se préparer dès la seconde et d'avoir des programmes spécifiques en seconde que ce soit en français comme en enseignement moral et civique, langues vivantes, EPS et dans les options arts et mathématiques. Dans les classes suivantes les enseignements de spécialité de STHR sont :

– en première : enseignement scientifique alimentation-environnement, sciences et technologies culinaires et des services, économie, gestion hôtelière (18 heures par an);

– en terminale : sciences et technologies culinaires et des services, enseignement scientifique, alimentation-environnement, économie, gestion hôtelière (18 heures par an). ■

Le bac STI2D

Sciences et technologies de l'industrie et du développement durable

Les enseignements de spécialité de STI2D sont :

- en première : innovation technologique, ingénierie et développement durable, physique-chimie et mathématiques (18 heures par an);
- en terminale : chimie et mathématiques, innovation technologique et d'ingénierie et développement durable (avec un enseignement spécifique choisi parmi : architecture et construction; énergies et environnement; innovation technologique et écoconception; systèmes d'information et numérique-physique) (18 heures par an).

Le bac STL

Sciences et technologies de laboratoire

Les enseignements de spécialité de STL sont :

- en première : physique-chimie et mathématiques, biochimie-biologie-biotechnologie ou sciences physiques et chimiques en laboratoire (18 heures par an);
- en terminale : physique-chimie et mathématiques, biochimie-biologie-biotechnologie ou sciences physiques et chimiques en laboratoire (18 heures par an).

Le bac STMG

Sciences et technologies du management et de la gestion

Les enseignements de spécialité de STMG sont :

- en première : sciences de gestion et numérique, management, droit et économie (15 heures par an);

- en terminale : droit et économie et management, sciences de gestion et numérique (avec un enseignement spécifique à choisir parmi : gestion et finance; mercatique; ressources humaines et communication; systèmes d'information et de gestion) (16 heures par an).

Le bac S2TMD
Sciences et techniques du théâtre, de la musique et de la danse

Les enseignements de spécialité du bac S2TMD sont en première : économie, droit et environnement du spectacle vivant, culture et sciences chorégraphiques ou musicales ou théâtrales et pratique chorégraphique ou musicale ou théâtrale.

Les spécialités de terminale sont : culture et sciences chorégraphiques ou musicales ou théâtrales et pratique chorégraphique ou musicale ou théâtrale.

LE BAC PROFESSIONNEL

C'est dès la troisième que l'orientation a lieu dans les quelque 80 spécialités du baccalauréat professionnel. Il est possible de le suivre aussi bien par la voie scolaire qu'en apprentissage (de l'ordre de 50 000 élèves chaque année).

Surtout des garçons. Si l'apprentissage est très masculinisé en bac professionnel – près de 78 % des apprentis sont des garçons – l'ensemble des bacs professionnels l'est également avec une moyenne de garçons supérieure à 58 %.

Il est également possible d'obtenir au cours de son cursus par la voie scolaire un BP (brevet professionnel) voire un CAP (certificat d'aptitude professionnelle).

D'abord les services. 58 % des élèves de bac professionnel suivent des formations aux services, trois spécialités regroupant près de la moitié des élèves : « commerce, vente », « spécialités plurivalentes des services à la collectivité » et « spécialités plurivalentes sanitaires et sociales ». La spécialité « commerce, vente » concentre à elle seule 21 % des élèves.

... /...

Poursuivre ou pas ses études? Le bac professionnel a été conçu pour permettre une insertion professionnelle dès son obtention. Pour autant près de la moitié des bacheliers se lance dans l'enseignement supérieur. Essentiellement en allant en Brevet de technicien supérieur (BTS) – ils sont 39% à faire ce choix – mais aussi à l'université pour 5% d'entre eux. Si en BTS leur taux de réussite est acceptable ils ne sont que 5% à obtenir leur licence en trois ans quand c'est le cas de 60% des bacheliers généraux. ■

PARTIE 5

COMMENT VA SE PASSER LE NOUVEAU BAC ?

Sommaire

Pour éviter le passage des 12 à 16 épreuves actuelles, le nouveau baccalauréat – qu'il s'agisse des futurs bacheliers généraux comme technologiques – s'appuie sur le contrôle continu tout au long des classes de première et de terminale, générale et technologique. Comme aujourd'hui, l'examen sera composé d'une épreuve anticipée de français (écrit et oral) en fin de première mais seulement de quatre épreuves en terminale (deux épreuves écrites portant sur les enseignements de spécialité, une épreuve écrite de philosophie et une épreuve d'oral terminal, qu'on a appelée le « Grand oral »). Les épreuves terminales comptent pour 60 % de la note finale, le contrôle continu représentant les 40 % restants.

Le contrôle continu

Le contrôle continu porte sur les cours communs et l'une des spécialités choisies par l'élève uniquement en première. Il compte pour 40 % de la note finale répartis ainsi :

- les bulletins de première et de terminale dans tous les enseignements comptent pour 10 % ;
- les épreuves communes de contrôle continu organisées pendant les années de première et de terminale comptent pour 30 %.

Trois sessions d'épreuves

Ce contrôle continu repose sur trois sessions d'épreuves communes à tous les élèves. Ces épreuves se déroulent aux deuxième et troisième trimestres de l'année de première, puis au deuxième trimestre de l'année de terminale. Chaque lycée est maître de leur organisation en « prenant en compte le temps d'acquisition et d'apprentissage pour les élèves ». Dans tous les cas il s'agit de devoirs ou d'exercices sur table sur le modèle des contrôles communs ou des bacs blancs actuels.
Pour garantir l'égalité entre lycéens, les sujets des épreuves sont choisis dans une liste nationale de sujets. Comme aujourd'hui pour les bacs blancs, les copies anonymes doivent être corrigées par d'autres professeurs que ceux des élèves.

Quelles matières sont concernées ?

Les épreuves communes de contrôle continu concernent les enseignements qui ne sont pas évalués dans les épreuves terminales du bac.

Pour les futurs bacheliers généraux

Sont évalués en contrôle continu : « histoire-géographie », « langue vivante A », « langue vivante B » et « enseignement scientifique » ainsi que l'enseignement de spécialité abandonné à l'entrée en terminale.

Pour laisser le temps aux élèves de se familiariser avec l'« enseignement scientifique » qui commence en première, cette matière sera évaluée pendant les épreuves communes de contrôle continu organisées en fin de première puis une nouvelle fois en terminale.

Pour les futurs bacheliers technologiques

Sont évalués en contrôle continu : « histoire-géographie », « langue vivante A », « langue vivante B », « mathématiques » et « enseignement de spécialité » suivi le cas échéant uniquement en classe de première (toutes au même coefficient 5).

Les épreuves communes de contrôle continu d'histoire-géographie

Bac général

Dans la voie générale, chaque épreuve commune de contrôle continu d'histoire-géographie se compose de deux parties. La première consiste en une question problématisée; la seconde est soit une analyse de document(s), soit la réalisation d'une production graphique. Si la première partie du sujet porte sur l'histoire, la deuxième porte sur la géographie et inversement. Chaque partie est notée sur 10.
En première sont organisées deux épreuves de 2 heures :

- une réponse à une question problématisée : le candidat doit montrer qu'il a acquis des capacités d'analyse, qu'il maîtrise des connaissances, sait les sélectionner et les organiser de manière à répondre à la problématique de la question;
- une analyse de document(s) ou la réalisation d'une production graphique : l'analyse de document(s) est accompagnée d'une consigne suggérant une problématique et des éléments

de construction de l'analyse. Le (ou les) document(s), en histoire comme en géographie, comporte(nt) un titre et, si nécessaire, un nombre limité de notes explicatives. Lorsque la production graphique est un croquis, ce croquis est réalisé à partir d'un texte élaboré pour l'exercice qui présente une situation géographique. Un fond de carte est fourni.

En terminale, l'épreuve de 2 heures est divisées en deux. Si la première partie du sujet porte sur l'histoire, la deuxième porte sur la géographie et/ou inversement. Chaque partie est notée sur 10 :

- une réponse à une question problématisée : il s'agit d'une réponse rédigée et construite. Le candidat doit montrer qu'il a acquis des capacités d'analyse, qu'il maîtrise des connaissances, sait les sélectionner et les organiser de manière à répondre à la problématique de la question ;
- l'analyse de document(s) ou la réalisation d'une production graphique : l'analyse de document(s) est accompagnée d'une consigne suggérant une problématique. Le (ou les) document(s), en histoire comme en géographie, comporte(nt) un titre et, si nécessaire, un nombre limité de notes explicatives. Lorsque la production graphique est un croquis, ce croquis est réalisé à partir d'un texte élaboré pour l'exercice qui présente une situation géographique. Un fond de carte est fourni.

Bac technologique (toutes séries)

Chaque épreuve commune de contrôle continu se compose de deux parties : un ensemble de questions et une analyse de document(s). Chaque partie est notée sur 10.

- La partie « questions » est composée de questions qui évaluent la maîtrise des « questions obligatoires » du programme en histoire et en géographie. Cette partie évalue la capacité des candidats à localiser et identifier des lieux et/ou des phénomènes sur une carte jointe au sujet, proposer ou choisir les dates-clefs ou les périodes-clefs d'une évolution et proposer ou choisir une définition pour une notion.

- La partie « analyse de documents » consiste en l'analyse d'un (ou deux) document(s) relatif(s) à chacun des deux « sujets d'étude au choix » d'un thème du programme d'histoire ou de géographie. Le candidat choisit un des deux exercices proposés. L'analyse de document(s) est conduite en répondant à des questions.

Les épreuves communes de contrôle continu de langues vivantes A et B

Pour tous les candidats des voies générale et technologique, l'évaluation des langues vivantes A et B est adossée aux niveaux du Cadre européen commun de référence pour les langues (CECRL). Le niveau attendu du CECRL est B2 « niveau avancé ou indépendant » pour la langue choisie en LVA; B1 « niveau seuil » pour la langue choisie en LVB, à la fin des études du second degré. Dans toutes les voies et séries du bac, les épreuves de langues vivantes A et B sont constituées de :

- deux épreuves écrites passées aux deuxième et troisième trimestres de l'année de première;
- une épreuve écrite et orale passée à la même période que les autres épreuves de contrôle continu de l'année de terminale.

En première les lycéens sont confrontés à deux épreuves notées chacune sur 10 :

- « Compréhension de l'oral – Expression écrite » (1 heure) (Niveaux visés : B1 pour la langue A; A2-B1 pour la langue B). Les candidats reçoivent au début de l'épreuve l'intégralité du sujet, dans lequel figure le titre du document support de l'évaluation de la compréhension de l'oral évaluée à partir d'un document audio ou vidéo (pas plus d'une minute 30). Le document est écouté trois fois, les écoutes étant espacées d'une minute. À l'issue de la troisième écoute, les candidats utilisent le temps dont ils disposent comme ils le souhaitent pour rendre compte du document oral, en français, de manière libre ou guidée, puis pour traiter le sujet d'expression écrite. Le sujet d'expression écrite, à traiter en langue cible, se fonde sur une ou deux questions, en lien avec la thématique générale du document support de l'évaluation de la compréhension de l'oral.

- « Compréhension de l'écrit – Expression écrite » (1 heure 30) (Niveaux visés : B1-B2 pour la langue A; A2-B1 pour la langue B). L'épreuve est composée de deux parties. La compréhension de l'écrit est évaluée à partir d'un ou deux textes. Les candidats en rendent compte dans la langue cible, de manière libre ou guidée. La longueur cumulée des textes est comprise entre 2 300 et 4 000 signes, blancs et espaces compris (entre 700 et 900 pour le chinois et le japonais). Le sujet d'expression écrite, à traiter en langue cible, se fonde sur une ou deux questions, en lien avec la thématique générale du document support de l'évaluation de la compréhension de l'écrit. Le sujet peut prendre appui sur un document iconographique.

En terminale l'épreuve de « Compréhension de l'oral et de l'écrit – Expression écrite et orale » (Niveaux visés : B2 pour la langue A; B1 pour la langue B) se déroule en deux temps comptant à parts égales :

- Une épreuve écrite de 2 heures composée de deux parties, l'une consacrée à l'évaluation des compétences de compréhension de l'oral et de l'écrit, l'autre à l'évaluation des compétences d'expression écrite. Les candidats reçoivent l'intégralité du sujet dès le début de l'épreuve.

La compréhension de l'oral est évaluée à partir d'un document audio ou vidéo dont la durée n'excède pas 1 minute 30. Le document est écouté trois fois, les écoutes étant espacées d'une minute. Durant les écoutes, les candidats peuvent prendre des notes. À l'issue de la troisième écoute, les candidats utilisent le temps dont ils disposent comme ils le souhaitent pour rendre compte du document oral, en français, de manière libre ou guidée, puis pour traiter la compréhension de l'écrit et le sujet d'expression écrite. La compréhension de l'écrit est évaluée à partir d'un ou deux textes. Les candidats en rendent compte dans la langue cible. Ils sont guidés par des questions qui portent également sur la compréhension de l'ensemble du dossier constitué par les documents supports de l'évaluation de la compréhension de l'oral et de l'écrit. La longueur cumulée des textes est comprise entre 2 500 et 4 500 signes, blancs et espaces compris (entre 800 et 1 000 pour le chinois et le japonais). Le sujet d'expression écrite, à traiter en langue cible, se fonde sur une ou deux questions, en lien avec la thématique générale du dossier constitué par les documents supports de l'évaluation de la compréhension de l'oral et de l'écrit.

- Le second temps consiste en une épreuve orale individuelle d'une durée de 10 minutes, sans temps de préparation. Le candidat a le choix entre trois axes culturels du programme proposés par l'examinateur.

En tenant compte du choix du candidat, l'examinateur propose des pistes de discussion : deux documents iconographiques, ou deux citations, ou un document iconographique et une citation. Le candidat explique en langue cible, pendant cinq minutes maximum, quel document ou quelle citation illustre à son sens le mieux l'axe qu'il a choisi et pourquoi.
L'entretien est élargi à des questions plus générales, portant par exemple sur le travail réalisé par le candidat sur l'axe choisi.

L'ÉVALUATION DE « L'ENSEIGNEMENT TECHNOLOGIQUE EN LANGUE VIVANTE »

En plus des épreuves communes aux bacs général et technologique, les élèves de ces derniers sont soumis à une « évaluation de l'enseignement technologique en langue vivante » (ETLV) qui mesure la capacité du candidat à communiquer en langue étrangère sur des travaux effectués au cours du cycle terminal en ETLV, en lien avec l'enseignement de spécialité concerné. Pendant 10 minutes (sans temps de préparation) face à un jury composé de deux enseignants, l'un pour l'enseignement technologique choisi, l'autre pour la langue vivante, l'évaluation commence par une prise de parole en continu par le candidat (durée maximale de 5 minutes), suivie d'un entretien avec le jury.
Les contextes sont les suivants : les projets technologiques ou scientifiques conduits en enseignement de spécialité en STL, STI2D et STD2A, une situation technologique du secteur de l'hôtellerie et de la restauration en STHR, une organisation (entreprise, administration ou association) en STMG, un fait social touchant à la santé ou au bien-être des populations en ST2S. ■

Les épreuves communes de contrôle continu pour l'enseignement scientifique

Les épreuves communes de contrôle continu pour l'enseignement scientifique dans la voie générale sont des épreuves écrites constituées de deux exercices interdisciplinaires d'une durée de 2 heures chacune. Chaque exercice porte sur un ou deux thèmes du programme. Le sujet évalue les compétences suivantes : exploiter des documents; organiser, effectuer et contrôler des calculs; rédiger une argumentation scientifique. Chaque exercice évalue plus particulièrement une ou deux de ces compétences. Toute formulation des questions est envisageable : de la question ouverte jusqu'au questionnaire à choix multiples.
Chaque sujet précise si l'usage de la calculatrice, dans les conditions précisées par les textes en vigueur, est autorisé.
En première, l'épreuve porte sur l'ensemble du programme de première, en dehors du projet expérimental et numérique.
En terminale, l'épreuve porte sur deux des trois thèmes du programme de terminale travaillés avant l'épreuve.

Les épreuves communes de contrôle continu de mathématiques

Les épreuves communes de contrôle continu pour l'enseignement de mathématiques dans la voie technologique sont écrites. La durée de chaque épreuve est de 2 heures (20 minutes pour la première partie). Elles peuvent nécessiter, le cas échéant, l'accès à un ordinateur disposant d'un tableur et d'un environnement de programmation en Python. Elles sont composées de deux parties (la première est notée sur 5 points, la seconde sur 15 points).

- La première partie consiste en un test de maîtrise des automatismes figurant au programme. Il est composé de questions flash indépendantes et à réponses rapides, le cas échéant sous forme de QCM. Les feuilles-réponses sont ramassées sitôt le test terminé. Le test peut nécessiter selon les sujets un dispositif de visualisation collective (diaporama) et un environnement informatique individuel (questionnaire entièrement dématérialisé).
- La seconde partie est composée de trois exercices indépendants les uns des autres. Ils abordent des domaines divers du programme de mathématiques. Certains exercices peuvent requérir l'usage d'un outil numérique (tableur ou environnement de programmation en Python).

La calculatrice est interdite pour la première partie de l'épreuve. Pour la seconde partie, chaque sujet précise si l'usage de la calculatrice, dans les conditions précisées par les textes en vigueur, est autorisé.
Pour les candidats de la série technologique STD2A, la partie du programme de mathématiques propre à cette série peut donner lieu à des sujets spécifiques.

Bac français de première : les épreuves

L'épreuve écrite de français que vont passer les élèves des séries générale et technologique dure 4 heures pour un coefficient final de 5. L'écriture dite d'« invention » a disparu à l'écrit pour donner le choix entre deux types de travaux d'écriture, liés aux objets d'étude du programme, toujours notés sur 20.

Bac général : un commentaire ou une dissertation

Le commentaire porte sur un texte littéraire, en lien avec un des objets d'étude du programme de la classe de première. Le candidat

« compose un devoir qui présente de manière organisée ce qu'il a retenu de sa lecture et justifie par des analyses précises son interprétation et ses jugements personnels ». Le texte proposé pour le commentaire n'est pas extrait d'une des œuvres au programme.

La dissertation consiste à « conduire une réflexion personnelle organisée sur une question littéraire portant sur l'une des œuvres et sur le parcours associé figurant dans le programme d'œuvres ». Le candidat choisit l'un des trois sujets de dissertation, chacun étant en rapport avec l'une des œuvres du programme et son parcours associés. Pour développer son argumentation, le candidat s'appuie sur sa connaissance de l'œuvre et des textes étudiés dans le cadre de l'objet d'étude concerné, ainsi que sur ses lectures et sa culture personnelles.

Bac technologique : un commentaire ou une contraction de texte suivie d'un essai

Le commentaire porte sur un texte littéraire, en lien avec un des objets d'étude du programme de la classe de première, à l'exclusion de l'objet d'étude « Littérature d'idées du XVIe au XVIIIe siècle ». Le candidat compose un devoir qui présente de manière organisée ce qu'il a retenu de sa lecture et justifie par des analyses précises son interprétation et ses jugements personnels. Le sujet est formulé de manière à guider le candidat dans son travail. Le texte proposé pour le commentaire n'est pas extrait d'une des œuvres au programme.

La contraction de texte suivie d'un essai (notés chacun sur 10) permet d'apprécier l'aptitude à reformuler une argumentation de manière précise, en en respectant l'énonciation, la thèse, la composition et le mouvement. Elle prend appui sur un texte relevant d'une forme moderne et contemporaine de la littérature d'idées. D'une longueur de mille mots environ, ce texte fait l'objet d'un exercice de contraction au quart, avec une marge autorisée de plus ou moins 10 %. Le candidat indique à la fin de l'exercice le nombre de mots utilisés.
Le sujet de l'essai porte sur le thème ou la question que le texte partage avec l'œuvre et le parcours étudiés durant l'année dans

le cadre de l'objet d'étude « La littérature d'idées du XVIe au XVIIIe siècle ». Pour développer son argumentation, le candidat s'appuie sur sa connaissance de l'œuvre et des textes étudiés pendant l'année; il peut en outre faire appel à ses lectures et à sa culture personnelles.

L'épreuve orale

D'une durée de 20 minutes après une préparation de 30 minutes, dotée d'un coefficient de 5, l'épreuve orale permet « d'apprécier la qualité de l'expression orale du candidat ainsi que sa capacité à développer un propos et à dialoguer avec l'examinateur ». Celui-ci évalue ses connaissances et son aptitude à les mobiliser dans les deux temps successifs de l'épreuve, à la fois pour faire la preuve de ses compétences de lecture, d'analyse et d'interprétation des textes et des œuvres, et pour exprimer une sensibilité et une culture personnelles. Censée « laisser une large place aux propositions de l'élève », l'épreuve évalue son aptitude à les présenter, à les justifier et à en expliquer la pertinence. Elle vise ainsi à « valoriser son investissement personnel dans sa formation et à mesurer sa capacité à mettre en relation la littérature avec les autres champs du savoir et les autres arts ».
L'épreuve se fonde sur le descriptif des activités remis par l'enseignant, qui rend compte du travail qu'il a mené avec la classe durant l'année de première. Il prend la forme d'un récapitulatif des œuvres et des textes étudiés, en distinguant ceux qui ont fait l'objet d'une étude détaillée, sur lesquels les candidats peuvent être interrogés dans la première partie de l'épreuve. Sauf mention expliquant et justifiant un changement, chaque objet d'étude doit comporter :

- pour le baccalauréat général au moins six textes susceptibles de donner lieu à une interrogation (trois extraits au minimum pour chaque œuvre, trois extraits pour le parcours associé);
- pour le baccalauréat technologique au moins quatre textes susceptibles de donner lieu à une interrogation (deux extraits au minimum pour chaque œuvre, deux extraits pour le parcours associé).

Ce descriptif comporte également une partie individuelle indiquant l'œuvre choisie par le candidat parmi celles proposées par

l'enseignant au titre des lectures cursives obligatoires ou parmi celles qui ont été étudiées en classe : cette œuvre fait l'objet de la seconde partie de l'épreuve.
Le descriptif est signé par l'enseignant et porte le cachet de l'établissement. Il est communiqué à l'examinateur en amont des épreuves. Le candidat en présente une copie à l'examinateur au début de l'épreuve. Il dispose des mêmes documents pour l'épreuve et pour sa préparation.

Première partie (12 minutes) : exposé sur un des textes du descriptif
Dans cette partie, notée sur 12 points, l'examinateur indique au candidat au moyen d'une fiche qui lui est remise et qu'il signe avant de commencer sa préparation :

- le texte et le passage du texte retenu, avec une éventuelle sélection du passage à expliquer si le texte excède le format d'une vingtaine de lignes de prose continue;
- la question de grammaire posée, qui ne peut concerner qu'un passage de l'extrait faisant l'objet de l'explication de texte.

À l'issue de son temps de préparation :

- le candidat propose d'abord une lecture à voix haute juste, pertinente et expressive du texte choisi par l'examinateur, après l'avoir situé brièvement dans l'œuvre ou le parcours associé (notée sur 2 points);
- le candidat propose une explication linéaire d'un passage d'une vingtaine de lignes, sélectionné par l'examinateur dans le texte, quand celui-ci excède cette longueur (notée sur 8 points);
- le candidat répond à la question de grammaire posée par l'examinateur au moment du tirage, uniquement sur le texte : elle vise l'analyse syntaxique d'une courte phrase ou d'une partie de phrase (notée sur 2 points).

Seconde partie de l'épreuve (8 minutes) : présentation de l'œuvre choisie par le candidat
Cette partie de l'épreuve (notée sur 8 points), évalue l'expression orale, en réclamant du candidat une implication personnelle dans sa manière de rendre compte et de faire partager une réflexion sur ses expériences de lecture. Elle se déroule en deux temps

successifs, le premier n'étant qu'un point de départ pour les interactions qui le suivent et qui constituent l'essentiel de l'épreuve :

- le candidat présente brièvement l'œuvre qu'il a retenue et expose les raisons de son choix;
- le candidat réagit aux relances de l'examinateur qui, « prenant appui sur la présentation du candidat et sur les éléments qu'il a exposés, évalue les capacités à dialoguer, à nuancer et à étoffer sa réflexion, à défendre son point de vue sur la base de la connaissance de l'œuvre ».

Bac général : les épreuves des enseignements de spécialités suivis uniquement en première

Les enseignements de spécialité suivis en première sont évalués sous différentes formes selon les disciplines mais essentiellement sous forme d'écrits d'une durée de 2 heures. Toutes ces épreuves sont notées sur 20.

Histoire-géographie-géopolitique et sciences politiques

Épreuve écrite – Durée : 2 heures

L'épreuve est une composition qui porte sur le programme de la classe de première pour « évaluer les capacités de réflexion et d'analyse, l'aptitude à articuler différents apports disciplinaires et la qualité de l'expression écrite ». Le sujet de la composition porte sur l'un des axes ou sur l'objet de travail conclusif d'un thème.

Humanités-littérature-philosophie

Épreuve écrite – Durée : 2 heures

Chacune des deux questions est notée sur 10.

L'épreuve est composée de deux questions portant sur un texte relatif à l'un des thèmes du programme de première. L'une des questions, intitulée « question d'interprétation », appelle « un travail portant sur la compréhension et l'analyse d'un enjeu majeur du texte ». L'autre, appelée « question de réflexion à partir du texte », conduit le candidat à « rédiger une réponse étayée à une question soulevée par le texte ».
Chacun de ces deux exercices relève tantôt d'une approche philosophique, tantôt d'une approche littéraire, selon ce qu'indique explicitement l'intitulé du sujet. Leur articulation répond au principe de coopération interdisciplinaire propre à cet enseignement de spécialité.
Les deux questions donnent lieu à des développements d'ampleur comparable et font l'objet de corrections distinctes, l'une par un correcteur de français, l'autre par un correcteur de philosophie, selon l'orientation disciplinaire respective des exercices.

Langues-littératures et cultures étrangères et régionales

Épreuve écrite – Durée : 2 heures
L'épreuve consiste en la synthèse d'un dossier documentaire, guidée par deux ou trois questions ou consignes, en 300 mots au moins. Le dossier documentaire est composé de trois documents, dont au moins un document littéraire et un document iconographique, adossés à l'une des deux thématiques au programme de la classe de première. La longueur cumulée des textes est comprise entre 4 000 et 5 000 signes.

Littérature-langues et cultures de l'Antiquité

Épreuve écrite – Durée : 2 heures
La première partie de l'épreuve est notée sur 8 points (3 points pour le sujet A, 5 points pour le sujet B). La seconde partie est notée sur 12 points.

L'épreuve est composée de deux parties prenant appui sur un texte en grec ancien ou en latin d'environ 300 mots (marge de 10 %) donné en langue ancienne et en traduction. Ce texte s'inscrit dans l'un des objets d'étude au programme de la classe de première traité durant l'année scolaire par le professeur. Les dictionnaires grec-français ou latin-français sont autorisés. Aucun autre document n'est autorisé.

Dans la première partie, « lexique et étude de la langue », le candidat répond d'abord – c'est le « lexique » – à une question portant sur un terme clef du texte dont le sens en contexte doit être explicité. Le mot sélectionné est en étroite relation avec l'objet d'étude mis en œuvre. Ensuite, ce sont les « faits de langue », le candidat répond à une question portant sur un fait de langue qui engage la démarche de compréhension et d'interprétation du texte.

Dans la seconde partie le candidat traite, au choix, l'une des deux questions suivantes :

- « Langue » : traduction d'un court extrait (50 mots maximum) constituant la suite du texte donné en traduction. Le candidat « s'efforce d'éviter un simple décalque de la phrase latine ou grecque et s'engage dans une traduction personnelle qui témoigne de sa compréhension de la langue ancienne et de sa maîtrise de la langue française ». Ce passage à traduire ne peut faire l'objet des questions posées dans les autres parties du sujet.
- « Culture » : rédaction d'un court essai libre et organisé en français (500 mots maximum) prenant appui sur le texte support. Le candidat « montre sa capacité à confronter ce texte avec ceux, antiques, modernes ou contemporains, qu'il a étudiés en cours d'année ou lus de manière personnelle, ainsi qu'avec des œuvres d'autres domaines artistiques ». Il peut proposer des pistes problématisées selon des axes culturels variés (littérature, arts, philosophie, histoire, anthropologie, etc.).

Mathématiques

Épreuve écrite – Durée : 2 heures
Chaque exercice est noté entre 5 et 12 points.
L'épreuve est composée de deux à quatre exercices indépendants qui abordent une grande variété de contenus et de capacités du programme.

Numérique et sciences informatiques

Épreuve écrite – Durée : 2 heures
L'épreuve consiste en un questionnaire à choix multiples divisé en 7 parties, une pour chaque thématique du programme. Chaque partie comporte 6 questions. Pour chaque question, 4 réponses sont proposées dont une seule est correcte. L'usage de la calculatrice est interdit.
Pour chacune des 42 questions, le candidat gagne 3 points pour la réponse correcte, perd 1 point pour une réponse fausse, et obtient un résultat nul pour absence de réponse ou une réponse multiple. Sur chacune des 7 parties, si le total des points obtenu par le candidat est négatif, son résultat est évalué à 0. Le résultat obtenu est transformé en note sur 20 selon la formule : nombre de points obtenus $\times 20 \div (3 \times 42)$.

Physique-chimie

Épreuve écrite – Durée : 2 heures
Chacune des deux parties compte pour 10 points.
L'épreuve comporte deux parties indépendantes d'importances voisines, d'une durée de 1 heure chacune. L'épreuve accorde un poids équivalent aux deux composantes physique et chimie de la discipline, aborde plusieurs thèmes du programme et accorde une place notable à la modélisation et à la résolution de tâches complexes. Les sujets traités lors de cette épreuve portent sur des situations contextualisées, peuvent contenir des documents et inclure

des questions relatives aux aspects expérimentaux de la discipline et aux capacités numériques identifiées dans le programme.
Le sujet précise si l'usage de la calculatrice, dans les conditions précisées par les textes en vigueur, est autorisé.

Sciences de la vie et de la Terre

Épreuve écrite – Durée : 2 heures
Chacun des deux exercices compte pour 10 points.
L'épreuve s'appuie sur la totalité du programme en sciences de la vie et de la Terre. Elle est constituée de deux exercices, qui ne peuvent pas porter sur les mêmes parties du programme :

- **le premier exercice** permet d'évaluer la maîtrise des connaissances acquises et la manière dont un candidat les mobilise et les organise pour répondre à une question scientifique. Le questionnement peut se présenter sous forme d'une question scientifique et/ou de QCM, en appui ou non sur un ou plusieurs documents;
- **le second exercice** permet d'évaluer la pratique du raisonnement scientifique du candidat. Il teste sa capacité à pratiquer une démarche scientifique dans le cadre d'un problème scientifique, à partir de l'exploitation d'un document ou d'un ensemble de documents et en mobilisant ses connaissances. Le questionnement amène le candidat à choisir et exposer sa démarche personnelle, à élaborer son argumentation et à proposer une conclusion.

L'usage de la calculatrice est interdit.

Sciences de l'ingénieur

Épreuve écrite – Durée : 2 heures
Chacun des deux exercices compte pour 10 points.
Le sujet comporte deux exercices indépendants l'un de l'autre, équilibrés en durée et en difficulté, qui s'appuient sur un produit unique :

- **le premier exercice** s'intéresse à l'étude d'une performance du produit. Les candidats doivent mobiliser leurs compétences et les connaissances associées pour qualifier et/ou quantifier

cette performance, à partir de l'analyse, de la modélisation de tout ou partie du produit ou de relevés expérimentaux;
- **le second exercice** porte sur la commande du fonctionnement d'un produit ou la modification de son comportement. L'étude s'appuie sur l'algorithmique et de la programmation, à partir de ressources fournies au candidat qu'il devra exploiter, compléter ou modifier.

L'usage de la calculatrice est autorisé dans les conditions précisées par les textes en vigueur.

Sciences économiques et sociales

Épreuve écrite – Durée : 2 heures
Chacune des deux parties compte pour 10 points.
L'épreuve est constituée de deux parties :
- **la première partie** repose sur la mobilisation des connaissances et le traitement de l'information. Elle comporte soit un exercice conduisant à une résolution graphique (sans formalisation mathématique), soit une étude d'un document de nature statistique comportant une ou plusieurs questions (tableau, graphique, carte, radar, etc.) de 120 données chiffrées au maximum. Il est demandé au candidat de répondre aux questions en mobilisant les connaissances acquises dans le cadre du programme, en adoptant une démarche méthodologique rigoureuse de collecte et d'exploitation de données quantitatives, et en ayant recours le cas échéant à des résolutions graphiques;
- **la seconde partie** demande un raisonnement appuyé sur un dossier documentaire. Le candidat est invité à développer un raisonnement de l'ordre d'une page en exploitant les documents du dossier et en mobilisant les connaissances acquises dans le cadre du programme. Le dossier documentaire comprend deux documents de nature différente : texte de 2 000 signes au maximum, document de nature statistique de 65 données au maximum.

L'épreuve est construite de façon à couvrir plusieurs dimensions du programme : les deux parties de l'épreuve portent sur deux champs différents du programme (science économique, sociologie et science politique, regards croisés).

Arts

Épreuve orale – Durée : 30 minutes (sans préparation)

L'épreuve doit permettre au candidat de manifester des compétences pratiques dans le domaine artistique, d'exprimer sa sensibilité, de faire état d'une culture personnelle, de témoigner de sa maîtrise d'un vocabulaire spécifique et de recul critique ainsi que de son aptitude à argumenter et à dialoguer avec le jury.

Pour chacun des enseignements artistiques, l'épreuve se déroule en deux parties consécutives :

- **première partie** : compétences pratiques (15 min);
- **seconde partie** : connaissances et compétences culturelles (15 min).

Chaque partie de l'épreuve fait se succéder une présentation par le candidat et un entretien avec le jury dont les durées sont définies pour chacune des parties selon leur spécificité.

Bac technologique : les épreuves des enseignements de spécialités suivis uniquement en première

Physique-chimie pour la santé (série ST2S)

Épreuve écrite – Durée : 2 heures

L'épreuve comprend notamment une ou des questions sur la démarche expérimentale, une ou des questions appelant à la rédaction d'un argumentaire, une ou des questions reposant sur des aspects quantitatifs simples. Le sujet est composé de quatre exercices indépendants, deux à dominante chimie, deux à dominante physique. L'épreuve accorde un poids équivalent aux deux domaines de la physique et de la chimie.

L'énoncé du sujet repose sur des supports variés (texte, photos, graphes, schémas, tableaux, etc.) et appelle des réponses écrites dont la forme est multiple (texte, schémas, graphes, etc.). Le sujet précise si l'usage de la calculatrice, dans les conditions précisées par la réglementation en vigueur, est autorisé.

Biochimie-biologie (série STL)

Épreuve écrite – Durée : 2 heures

Le sujet pourra comporter une ou deux parties portant sur un seul ou sur les deux modules thématiques du programme de première (fonction de nutrition et fonction de reproduction) et doit permettre de valider l'acquis de certains items (savoir-faire et concepts-clefs) des modules thématiques et également de certains items des modules transversaux. Chaque partie présente une problématique ou un questionnement auquel le candidat doit répondre à partir de l'analyse et l'interprétation de données scientifiques et technologiques présentées dans les documents. Il est conduit à élaborer au moins une synthèse sur l'ensemble du sujet. Dans cette épreuve scientifique, la rédaction doit mettre en évidence la logique et la rigueur du raisonnement du candidat.

L'énoncé se présente sous forme de consignes en appui sur plusieurs documents scientifiques et technologiques portant sur les mécanismes moléculaires au niveau cellulaire et la physiologie intégrée au niveau de l'organisme humain. Au total, 6 à 8 documents sont à analyser pour répondre à une douzaine de questions (entre 10 et 13) qui ne mobilisent que des calculs simples. La calculatrice n'est pas autorisée.

Physique-chimie (série STD2A)

Épreuve écrite – Durée : 2 heures

Le nombre de points dédié à chaque partie est précisé sur le sujet. L'épreuve comporte deux parties indépendantes d'importance voisine. L'épreuve accorde également un poids voisin aux deux composantes physique et chimie de la discipline et aborde plusieurs thématiques du programme. L'énoncé du sujet repose sur des supports variés (texte, photos, graphes, schémas, tableaux, etc.) et appelle des réponses écrites dont la forme peut être multiple (texte, graphes, schémas, tableaux, etc.). Chaque sujet précise si l'usage de la calculatrice, dans les conditions précisées par les textes en vigueur, est autorisé.

Innovation technologique (série STI2D)

Épreuve orale – Durée : 20 minutes

En fin de classe de première, les élèves, répartis en groupes de trois à cinq élèves maximum, réalisent un projet pluritechnologique collaboratif de 36 heures de conception-réalisation, d'amélioration ou d'optimisation d'un produit. La nature de ce projet conduit les élèves à imaginer et matérialiser tout ou partie d'une solution originale pour répondre à un besoin. Les démarches de créativité, d'ingénierie collaborative et d'écoconception ainsi que l'approche design et innovation sont mises en œuvre permettant ainsi à chacun de faire preuve d'initiative et d'autonomie. D'une durée globale de 20 minutes l'épreuve porte sur la présentation du projet et se décompose en deux parties :

- **première partie** : présentation orale du projet mené en fin d'année scolaire, d'une durée de 10 minutes maximum;
- **seconde partie** : dialogue argumenté avec l'interrogateur d'une durée de 10 minutes maximum.

Sciences de gestion et numérique (série STMG)

Épreuve orale – Durée : 20 minutes

Le candidat réalise au cours de l'année de première une étude personnelle et individuelle qui vise à traiter la problématique qu'il a choisie. La problématique du dossier du candidat est tirée d'une ou de plusieurs questions de gestion figurant dans le programme d'enseignement de spécialité « sciences de gestion et numérique » de la classe de première, appliquée à une ou plusieurs organisations choisies par le candidat. Cette étude se concrétise par la rédaction d'un dossier d'étude de gestion, document d'une dizaine

de pages qui précise les raisons du choix de la problématique, les caractéristiques de la (ou des) organisation(s) observée(s) en lien avec la problématique, les sources utilisées, la démarche d'analyse et les conclusions.
Ce document produit par le candidat ne fait pas l'objet d'une évaluation mais sert de support à la présentation de l'épreuve. Il est remis au responsable de l'établissement qui organise l'épreuve, dans un délai de 5 jours avant la date de passage de l'épreuve.
L'environnement numérique de travail utilisé dans le cadre de l'enseignement est requis pour la réalisation et la présentation de l'épreuve. Le candidat est responsable des documents et supports numériques qu'il juge utiles à sa présentation. L'évaluation s'appuie sur le dossier d'étude de gestion du candidat, qui est fourni à l'examinateur avant le passage de l'épreuve par le responsable de l'établissement où se déroule l'épreuve. Elle est composée d'un exposé du candidat (dans la limite de 10 minutes maximum), suivi d'un entretien.

Enseignement scientifique alimentation-environnement (série STHR)

Épreuve écrite – Durée : 2 heures
Chaque partie est notée sur 10.
Le sujet comporte deux parties :
- **la première partie** porte sur tout ou partie du programme de la classe de première;
- **la seconde partie** porte sur un des thèmes du programme de la classe de première.

Annexe

Les programmes de terminale générale : que faut-il retenir ?

Le « tronc commun » d'enseignement du lycée de terminale générale représente 16 heures d'enseignement hebdomadaire composées de :

Langues vivantes A et B : 4 heures
Philosophie : 4 heures
Histoire-géographie : 3 heures
Enseignement scientifique : 2 heures
Enseignement moral et civique : 30 minutes
Éducation physique et sportive : 2 heures

En plus de leur tronc commun les élèves sont appelés à choisir un enseignement optionnel de 3 heures parmi :
- Arts;
- Éducation physique et sportive;
- Langues et cultures de l'Antiquité;
- Langue vivante C.

Et deux spécialités délivrées sur 6 heures chacune (les élèves qui suivent l'enseignement de spécialité de sciences de l'ingénieur suivent également un enseignement de 2 heures de sciences physiques).

Nous vous livrons ci-dessous l'essentiel des programmes de terminale tels qu'ils ont été publiés mi 2019.

Le programme d'enseignement scientifique

Les objectifs de cet enseignement restent les mêmes qu'en première mais les thématiques traitées changent largement en se consacrant à trois grandes thématiques en résonance avec les préoccupations les plus déterminantes de la société :

- « science, climat et société » ;
- « le futur des énergies » ;
- « une histoire du vivant ».

Le thème 1 « science, climat et société » traitera en particulier :

- des enjeux du réchauffement climatique global ;
- des acteurs des analyses climatiques : recherche et programmes mondiaux (Organisation Météorologique Mondiale, modèles climatiques) ; coordination (Nations unies) ; évaluation ;
- d'un enjeu mondial : l'océan ;
- des ressources et des utilisations de l'énergie dans le monde.

Le thème 2 « le futur des énergies » traitera en particulier :

- de l'essor de l'électromagnétisme au XIXe siècle ;
- d'Einstein et les quanta ;
- des aspects historiques de la distribution d'énergie électrique ;
- des combustibles alternatifs à empreinte carbone réduite ;
- des enjeux de l'utilisation de l'énergie nucléaire : de la fission à la fusion contrôlée ;
- des accumulateurs électrochimiques dans la société.

Le thème 3 « une histoire du vivant » traitera en particulier :

- de l'histoire de l'évolution humaine et découverte de fossiles par les paléontologues ;

- de la théorie de l'évolution et son application dans différents champs ;
- des modèles mathématiques historiques d'accroissement des populations (Malthus, Quetelet, Verhulst) et controverses autour du malthusianisme ;
- de l'histoire des grandes avancées médicales : asepsie (Semmelweis, Pasteur), antibiothérapie (Fleming), vaccination (Jenner, Koch, Pasteur), radiologie (Röntgen), greffe, chimiothérapie... ;
- de la biodiversité et des impacts des actions humaines ;
- de l'histoire du traitement de l'information : de l'invention de l'écriture aux machines programmables (Jacquard, Babbage) et aux ordinateurs (Lovelace, Turing, Von Neumann...) ;
- des bogues (*ou bugs*) et failles de sécurité des systèmes informatiques, comme contrepartie parfois graves de leur flexibilité.

Le programme d'histoire-géographie

Le programme de terminale d'histoire-géographie est consacré aux « Relations entre les puissances et l'opposition des modèles politiques, des années 1930 à nos jours » (48 heures). « Il vise à montrer comment le monde a été profondément remodelé en moins d'un siècle par les relations entre les puissances et l'affrontement des modèles politiques. Dans l'entre-deux-guerres, la montée des totalitarismes déstabilise les démocraties ; puis le déchaînement de violence de la Seconde Guerre mondiale aboutit à l'équilibre conflictuel d'un monde devenu bipolaire, alors même qu'éclatent et disparaissent les empires coloniaux.
Dans l'Europe occidentale, la construction européenne consolide la paix et œuvre à l'ouverture réciproque des économies européennes. Les années 1970-1980 voient naître de multiples dynamiques, économiques, sociales, culturelles et géopolitiques, qui aboutissent, en dernier ressort, à l'effondrement du bloc soviétique et à la fin du monde bipolaire. Depuis les années 1990, conflits et coopérations se développent et s'entrecroisent aux échelles mondiale, européenne et nationale, posant dans de nouveaux domaines la question récurrente des tensions entre intérêts particuliers et intérêt général. »

Les quatre grandes thématiques traitées sont :

- Fragilités des démocraties, totalitarismes et Seconde Guerre mondiale (1929-1945) (13-15 heures).
- La multiplication des acteurs internationaux dans un monde bipolaire (de 1945 au début des années 1970) (13-15 heures).
- Les remises en cause économiques, politiques et sociales des années 1970 à 1991 (10-12 heures).
- Le monde, l'Europe et la France depuis les années 1990, entre coopérations et conflits (8-10 heures).

Le programme de philosophie

C'est clairement indiqué dans le référentiel des programmes : « Indissociable de la lecture de textes et d'œuvres appartenant à la philosophie, l'enseignement de la philosophie ne vise pourtant pas la connaissance des doctrines philosophiques ni celle de l'histoire des systèmes philosophiques. Il exclut la visée encyclopédique et la recherche de l'exhaustivité : il ne s'agit ni de parcourir toutes les étapes de la construction historique de la philosophie ni d'envisager tous les problèmes philosophiques que l'on peut légitimement poser. »

Trois perspectives sont retenues :

- l'existence humaine et la culture;
- la morale et la politique;
- la connaissance.

Dans ce contexte, le programme propose d'étudier dix-sept notions-clefs : l'art, le bonheur, la conscience, le devoir, l'État, l'inconscient, la justice, le langage, la liberté, la nature, la raison, la religion, la science, la technique, le temps, le travail, la vérité.

Le tout dans le cadre de l'étude suivie d'une œuvre qui « n'est pas séparée du cours dont elle accompagne le développement selon des modalités que le professeur détermine à partir des besoins de ses élèves ». Précision : l'étude suivie d'une œuvre ne signifie pas nécessairement son étude intégrale. Enfin tous ces apprentissages reposent sur l'explication de texte et la dissertation.

Les programmes des spécialités en terminale générale : que faut-il retenir ?

Le programme de spécialité « histoire-géographie, géopolitique et sciences politiques »

Le programme de spécialité « histoire-géographie, géopolitique et sciences politiques » de terminale générale est consacré à la thématique « Analyser les grands enjeux du monde contemporain ». Il s'agit « d'analyser certains des enjeux majeurs du monde contemporain, en vue de permettre aux élèves d'en appréhender la complexité et de les aborder avec un recul critique ». L'objectif est de donner aux lycéens, qui vont poursuivre des études notamment en sciences humaines et sociales, dans les écoles de journalisme, dans les instituts d'études politiques ou encore dans les écoles de commerce et de management, une « perception claire de ces enjeux, ainsi que des concepts et notions qui seront mobilisés dans l'enseignement supérieur ».

Les six grandes thématiques traitées (chacune en 26-28 heures) sont :

- « De nouveaux espaces de conquête » : il s'agit d'« identifier, au-delà des territoires terrestres, les possibilités d'affirmation et de développement des États liées à la conquête de l'espace et de l'océan ; comprendre les défis et rivalités qui en découlent avec l'entrée en jeu de nouveaux acteurs, notamment les entreprises privées ».
- « Faire la guerre, faire la paix : formes de conflits et modes de résolution » : l'étude de ce thème a un double objectif : « comprendre les logiques des affrontements armés » et « étudier les modalités de construction de la paix ».
- « Histoire et mémoires » : il s'agit d'une part de « montrer comment les conflits et leur histoire s'inscrivent dans les mémoires des populations », de l'autre d'étudier quel « rôle

jouent la connaissance historique et la justice dans la manière dont les sociétés et les États se reconstruisent après des conflits majeurs ».

- « Identifier, protéger et valoriser le patrimoine : enjeux géopolitiques » : il s'agit de « connaître ce que recouvre aujourd'hui la notion de patrimoine, matériel et immatériel, dans ses dimensions historiques et géographiques, et comprendre les enjeux géopolitiques qui lui sont associés ».
- « L'environnement, entre exploitation et protection : un enjeu planétaire » : le double objectif est d'« analyser l'évolution des rapports entre les sociétés et leurs milieux, et notamment les changements environnementaux non désirés qu'ils induisent » et d'en « comprendre les enjeux géopolitiques ».
- « L'enjeu de la connaissance » : ce thème doit « mettre en avant les conditions nationales et internationales de la construction de la connaissance, en particulier de la connaissance scientifique » et « expliquer la manière dont les États favorisent ou contrôlent, entre coopérations et conflits, la production ou la diffusion de celle-ci ».

Le programme de spécialité « Humanités-littérature-philosophie »

Selon les termes officiels cette formation s'adresse à « tous les élèves désireux d'acquérir une culture humaniste qui leur permettra de réfléchir sur les questions contemporaines dans une perspective élargie ». Avec une pluralité d'aspects, et en prise directe sur un certain nombre d'enjeux de société, cette formation « constituera un précieux apport pour des études axées sur les sciences, les arts et les lettres, la philosophie, le droit, l'économie et la gestion, les sciences politiques, la médecine et les professions de santé ». Elle sera « particulièrement recommandée » aux élèves souhaitant s'engager dans les carrières de l'enseignement et de la recherche en lettres et en sciences humaines, de la culture et de la communication.

Les contenus d'enseignement se répartissent en deux fois deux semestres pendant lesquels les élèves de terminales sont invités à réfléchir sur deux ordres de questions que sont :

- la relation des êtres humains à eux-mêmes et la question du moi;
- l'interrogation sur l'Humanité et son histoire, sur ses expériences caractéristiques et sur son devenir.

L'approche de ces questions s'effectue, pour chaque semestre, avec une période distincte :

- du romantisme au XXe siècle;
- période contemporaine (XXe-XXIe siècles).

C'est très clair : aucune de ces entrées ne doit être spécifiquement « littéraire » ou « philosophique » : chacune d'entre elles se « prête à une approche croisée, impliquant une concertation et une coopération effectives entre les professeurs en charge de cet enseignement qui doit être assuré à parts égales sur chaque année du cycle ».
Le premier semestre de la classe de terminale est consacré à la problématique de la « Recherche et de la formation de soi ». Le second à « L'humanité en question ».

Le programme de spécialité « langues-littératures et cultures étrangères »

Les principes et objectifs fondamentaux du programme sont communs aux quatre langues vivantes étrangères susceptibles de proposer l'enseignement de spécialité (allemand, anglais, espagnol et italien) et aux sept langues vivantes régionales (basque, breton, catalan, corse, créole, occitan-langue d'oc, tahitien) inscrites au programme de l'agrégation des langues de France. Il « prépare à l'enseignement supérieur sans être universitaire », s'adresse aux « futurs spécialistes mais pas à eux seuls ». Pour plus de précisions reportez-vous aux programmes propres à chaque langue enseignée.

Le programme de spécialité « mathématiques »

On sait que ce programme est particulièrement ambitieux et les textes le révèlent en expliquant que « l'élève doit être incité à s'engager dans une recherche mathématique, individuellement ou en équipe, et à développer sa confiance en lui ». L'élève « cherche, essaie des pistes, prend le risque de se tromper. Il ne doit pas craindre l'erreur, car il sait qu'il peut en tirer profit grâce au professeur, qui l'aide à l'identifier, à l'analyser et la comprendre ». Et d'insister : « Ce travail sur l'erreur participe à la construction de ses apprentissages. » Le programme s'organise en quatre grandes parties. Outre l'histoire des mathématiques sont au programme :

- **L'« algèbre et géométrie »** : il s'agit d'enrichir le vocabulaire ensembliste des élèves et d'offrir une initiation aux mathématiques discrètes, jouant un rôle important dans le développement de l'informatique.
  La combinatoire et le dénombrement; la manipulation des vecteurs, des droites et des plans de l'espace; l'orthogonalité et distances dans l'espace; les représentations paramétriques et équations cartésiennes.
- **En « Analyse »** : part centrale des mathématiques et outil de modélisation et de calcul, elle joue un rôle essentiel dans l'étude de phénomènes issus des autres disciplines.
  Les suites; les limites de fonctions; les compléments sur la dérivation; la continuité des fonctions d'une variable réelle; la fonction logarithme; les fonctions sinus et cosinus; les primitives, équations différentielles; le calcul intégral.
- **en « Probabilité »** : il s'agit d'approfondir et de diversifier les modèles probabiliste rencontrés. La succession d'épreuves indépendantes, schéma de Bernoulli; les sommes de variables aléatoires; la concentration, la loi des grands nombres.
- **en « Algorithmique et programmation »** : les élèves apprennent en situation à : reconnaître ce qu'est une proposition mathématique, à utiliser des variables pour écrire des propositions mathématiques; lire et écrire des propositions contenant les connecteurs « et », « ou »; formuler la négation de propositions simples, pouvant contenir un ou deux quantificateurs;

mobiliser un contre-exemple pour montrer qu'une proposition est fausse; formuler une implication, une équivalence logique, et à les mobiliser dans un raisonnement simple; formuler la réciproque d'une implication, ou sa contraposée; lire et écrire des propositions contenant une quantification universelle ou existentielle (les symboles ∀ et ∃ ne sont pas exigibles); raisonner par disjonctions des cas, par l'absurde, par contraposée; raisonner par équivalence, utiliser une propriété caractéristique; distinguer condition nécessaire et condition suffisante; démontrer une propriété par récurrence.

Le programme de spécialité « numérique et sciences informatiques »

Les grands objectifs sont les mêmes qu'en première et, comme en première, un quart au moins de l'horaire total de la spécialité est « réservé à la conception et à l'élaboration de projets conduits par les élèves ». Sont au programme :

- les structures de données;
- les bases de données;
- les architectures matérielles, les systèmes d'exploitation et réseaux;
- les langages et la programmation;
- l'algorithmique.

Le programme de spécialité « physique-chimie »

Ce parcours « ouvre la voie des études supérieures relevant notamment des domaines des sciences expérimentales, de la médecine, de l'ingénierie, de l'informatique, des mathématiques et de la technologie ». La physique et la chimie contribuent « de manière essentielle à l'acquisition d'un corpus de savoirs et de savoir-faire indispensable dans le cadre de l'apprentissage des sciences de l'ingénieur et des sciences de la vie et de la Terre ».

Dans le cadre de la préparation de l'épreuve orale terminale et du projet associé, une « attention particulière peut être portée à la dimension expérimentale avec notamment le recours à des données authentiques, à l'activité de modélisation, à la simulation et à l'ouverture sur le monde scientifique, économique et industriel ».
Au programme :

- **« Constitution et transformations de la matière »** (déterminer la composition d'un système par des méthodes physiques et chimiques; modéliser l'évolution temporelle d'un système, siège d'une transformation; prévoir l'état final d'un système, siège d'une transformation chimique; élaborer des stratégies en synthèse organique).
- **« Mouvement et interactions »** (décrire un mouvement; relier les actions appliquées à un système à son mouvement; modéliser l'écoulement d'un fluide).
- **« L'énergie : conversions et transfert »** (décrire un système thermodynamique : exemple du modèle du gaz parfait; effectuer des bilans d'énergie sur un système : le premier principe de la thermodynamique).
- **« Ondes et signaux »** (caractériser les phénomènes ondulatoires; former des images, décrire la lumière par un flux de photons; étudier la dynamique d'un système électrique).

Le programme de spécialité « sciences de l'ingénieur »

Comme en première il propose aux lycéens de découvrir les notions scientifiques et technologiques au travers de trois grandes thématiques :

- Les territoires et les produits intelligents, la mobilité des personnes et des biens.
- L'humain assisté, réparé, augmenté.
- L'éco-design et le prototypage de produits innovants.

Les élèves qui suivent cette spécialité en terminale ont la spécificité de recevoir en plus un enseignement de 2 heures de sciences physiques. Cet enseignement de complément leur « permet de se projeter dans des études supérieures relevant notamment des domaines de la technologie et de l'ingénierie».

Le programme de spécialité «sciences de la vie et de la Terre»

En première comme en terminale les programmes de SVT sont organisés en trois grandes thématiques («La Terre, la vie et l'évolution du vivant», «Enjeux contemporains de la planète, «Le corps humain et la santé») qui se prêtent à l'élaboration de projets que les élèves peuvent présenter lors de l'épreuve orale terminale.

Dans la thématique «La Terre, la vie et l'évolution du vivant» sont enseignés :

- la génétique et l'évolution;
- la recherche du passé géologique de notre planète.

Dans la thématique «Enjeux contemporains de la planète» :

- de la plante sauvage à la plante domestiquée;
- les climats de la Terre : comprendre le passé pour agir aujourd'hui et demain.

Dans la thématique «Le corps humain et la santé» :

- les comportements, mouvement et système nerveux;
- produire le mouvement : contraction musculaire et apport d'énergie;
- comportements et stress : vers une vision intégrée de l'organisme.

Le programme de spécialité «sciences économiques et sociales»

En plus des compétences transversales acquises en fin de première les élèves doivent maîtriser en fin de terminale la construction d'une problématique et d'une dissertation.

Au programme les questions suivantes :
- Quels sont les sources et les défis de la croissance économique ?
- Quels sont les fondements du commerce international et de l'internationalisation de la production ?
- Comment lutter contre le chômage ?
- Comment expliquer les crises financières et réguler le système financier ?
- Quelles politiques économiques dans le cadre européen ?
- Comment est structurée la société française actuelle ?
- Quelle est l'action de l'école sur les destins individuels et sur l'évolution de la société ?
- Quels sont les caractéristiques contemporaines et les facteurs de la mobilité sociale ?
- Quelles mutations du travail et de l'emploi ?
- Comment expliquer l'engagement politique dans les sociétés démocratiques ?
- Quelles inégalités sont compatibles avec les différentes conceptions de la justice sociale ?
- Quelle action publique pour l'environnement ?

LES PROGRAMMES OPTIONNELS DE TERMINALE GÉNÉRALE

En plus du tronc commun et des spécialités, les élèves de terminale générale peuvent également suivre des enseignements optionnels. S'ils ne sont pas évalués lors du passage du bac les choisir semble particulièrement opportun en fonction des choix d'orientation envisagés ensuite.

Le programme d'enseignement optionnel de « droit et grands enjeux du monde contemporain » de terminale a pour objectif de faire découvrir aux élèves les instruments du droit – normes, institutions, métiers –, son rôle social, ainsi que la méthodologie du raisonnement juridique. Il semble donc tout indiqué à qui veut suivre des études de droit et prend en cela le relais de l'épreuve de spécialité du même nom de l'ancien bac L. La première partie de l'enseignement pour objet d'exposer les différentes sources de droit afin de mettre en évidence leur hiérarchie

... /...

et leur complémentarité. La seconde partie, qui représente l'essentiel du programme, présente une série de questions qui permettront :

- l'examen de situations concrètes, de décisions de justice ou de cas pratiques, en vue d'identifier les règles applicables et leur application en l'espèce;
- la construction d'une argumentation juridique autour d'une problématique donnée ou dans le cadre de sujets de débat.

Le programme d'enseignement optionnel de « littérature-langues et cultures de l'Antiquité » de terminale générale entend « présenter la littérature et la culture antiques, d'une part, médiévales, modernes et contemporaines, d'autre part, comme des horizons réciproques afin de permettre aux élèves d'aujourd'hui de mieux se comprendre et de mieux se situer dans le monde ».

L'enseignement de spécialité se différencie de l'enseignement optionnel par son « caractère littéraire plus affirmé. » Cette étude est ici proposée sous la forme de deux enseignements, en latin et / ou en grec ancien. La traduction, entendue au sens large, est ici au cœur de ces programmes. À ce titre le choix de cet enseignement sera sans doute un élément déterminant pour intégrer les classes préparatoires littéraires dans lesquelles l'enseignement des langues anciennes occupe un poids important.

Le programme d'enseignement optionnel de mathématiques complémentaires de terminale générale est destiné aux élèves qui, « ayant suivi l'enseignement de spécialité de mathématiques en classe de première et ne souhaitant pas poursuivre cet enseignement en classe de terminale, ont cependant besoin de compléter leurs connaissances et compétences mathématiques par un enseignement adapté à leur poursuite d'études dans l'enseignement supérieur, en particulier en médecine, économie ou sciences sociales ». Elle s'appuie sur le programme de spécialité de mathématiques de la classe de première qu'elle « réinvestit et enrichit de nouvelles connaissances et compétences mathématiques, elles-mêmes reliées à des thèmes d'étude où les notions sont mises en situation dans divers champs disciplinaires ».

Le programme d'enseignement optionnel de mathématiques expertes de terminale générale s'adresse aux élèves qui « ont un goût affirmé pour les mathématiques et qui visent des formations où les mathématiques occupent une place prépondérante ». Il permet d'aborder de façon approfondie d'autres champs d'étude que ceux proposés par l'enseignement de spécialité. Nul doute donc que son choix sera scruté par les filières qui souhaitent recruter d'excellents étudiants en mathématiques : classes préparatoires scientifiques et filières universitaires scientifiques les plus demandées au premier chef. ■

Les programmes de terminale technologique

Les élèves de terminale suivent tous les enseignements suivants (à l'exception des bacs S2TMD et STAV) :

Histoire-géographie : 1 h 30
Mathématiques : 3 heures
Philosophie : 2 heures
Langues vivantes A et B : 4 heures
Éducation physique et sportive : 2 heures

Enseignement moral et civique : 18 heures par an

S'ajoutent deux spécialités en terminale et des enseignements optionnels.
Nous vous livrons ci-dessous les programmes du tronc commun de terminale.
Les programmes de spécialités sont traités dans la partie consacrée aux programmes de première (▶ page 79).

Le programme d'histoire-géographie

Le programme d'histoire-géographie de terminale technologique est consacré à la thématique « Totalitarismes, guerres et démocratie : des années 1920 à nos jours » (24 heures).
Ce programme « vise à montrer comment le monde a été profondément remodelé en moins d'un siècle par les relations entre les puissances et l'affrontement des modèles politiques. Dans l'entre-deux-guerres, la montée des totalitarismes déstabilise les démocraties. Le déchaînement de violence de la Seconde Guerre mondiale aboutit à l'équilibre conflictuel d'un monde devenu bipolaire, alors même qu'éclatent et disparaissent les empires coloniaux. La guerre froide met face-à-face deux modèles politiques et deux grandes puissances qui, tout en évitant l'affrontement direct, suscitent et

entretiennent de nombreux conflits armés régionaux. Depuis les années 1990, conflits et coopérations se développent et s'entrecroisent aux échelles mondiale, européenne et nationale. Après la Seconde Guerre mondiale, la France reconstruit son régime républicain. Elle est cependant confrontée à de nombreux défis : le redressement de son économie, la guerre d'Algérie, la reconstitution de sa puissance dans le cadre de la construction européenne, et les transformations de la société qui engendrent une évolution de ses institutions ».

Le programme de mathématiques

Le programme est organisé en trois parties transversales (vocabulaire ensembliste et logique; algorithmique et programmation; automatismes) et en deux parties thématiques :

- « Analyse » pour étudier ou modéliser des évolutions;
- « Statistiques et probabilités » pour traiter et interpréter des données, pour modéliser des phénomènes aléatoires.

Pour la série STD2A, la partie « Algorithmique et programmation » est remplacée par une partie « Activités géométriques ».

Le programme de philosophie

Si le champ de réflexions et les perspectives sont les mêmes que pour le bac général les notions-clefs sont réduites à sept : l'art, la justice, la liberté, la nature, la religion, la technique, la vérité. De même les apprentissages reposent sur l'explication de texte et la dissertation.

Glossaire des sigles utilisés dans ce livre

BTS	Brevet de technicien supérieur
BTSA	Brevet de technicien supérieur agricole
CFA	Centre de formation d'apprentis
CIO	Centre d'information et d'orientation
COP	Conseiller d'orientation-psychologue
CPGE	Classe préparatoire aux Grandes écoles
DUT	Diplôme universitaire de technologie
EPS	Éducation physique et sportive
HGGSP	Histoire-géographie-géopolitique et sciences politiques (spécialité)
HLP	Humanités-littérature-philosophie (spécialité)
IUT	Institut universitaire de technologie
LLCE	Langues, littératures et cultures étrangères
NSI	Numérique et sciences informatiques
SES	Sciences économiques et sociales (spécialité)
SI.	Sciences de l'ingénieur
ST2DA	Sciences et technologies du design et des arts appliqués (bac)
ST2S	Sciences et technologies de la santé et du social (bac)
STAPS	Sciences et techniques des activités physiques et sportives (licence)
STAV	Sciences et technologies de l'agronomie et du vivant (bac)
STHR	Sciences et technologies de l'hôtellerie et de la restauration (bac)
STI2D	Sciences et technologies de l'industrie et du développement durable (bac)

STL	Sciences et technologies des laboratoires (bac)
STMG	Sciences et technologies du management et de la gestion (bac)
STS	Section de technicien supérieur
SVT	Sciences de la vie et de la Terre

NOTES

NOTES

NOTES

Impression CPI Firmin-Didot en janvier 2022
ISBN : 978-2-38015-384-2
N° d'impression : 168506
Dépôt légal : février 2022
Imprimé en France